Histoire de ma mère

DU MÊME AUTEUR
AUX ÉDITIONS STOCK

Les chemins du désert.
Combat de taureaux.
Le faussaire.
Le fusil de chasse.
Confucius.

LA BIBLIOTHÈQUE COSMOPOLITE

Yasushi Inoué

Histoire de ma mère

récit

TRADUIT DU JAPONAIS
PAR RENÉ DE CECCATTY ET RYÔJI NAKAMURA

STOCK

TITRE ORIGINAL

Waga haha no ki
(Tōkyō 1977)

Sous les fleurs

1

Mon père est mort il y a cinq ans, à l'âge de quatre-vingts ans. Médecin militaire, il venait d'être promu général de division, quand, à quarante-huit ans, il prit sa retraite dans la région d'Izu dont est native notre famille. Pendant les trente années suivantes, il cultiva un petit jardin potager, derrière la maison, se contentant des légumes qu'ils mangeaient tous les deux, ma mère et lui. Il aurait encore pu ouvrir un cabinet à cet âge-là, mais cette idée ne lui effleura même pas l'esprit.

Quand la guerre du Pacifique éclata, hôpitaux et cliniques furent successivement mis sous contrôle militaire. Il refusa toujours de prendre la direction des établissements qu'on lui proposait. Il n'avait aucune envie de revêtir de nouveau l'uniforme.

Sa pension le mettait à l'abri du besoin, mais incontestablement la reprise de son activité professionnelle leur aurait procuré, à ma mère et à lui, une aisance financière, leur aurait permis de faire de nombreuses connaissances et aurait donné à ces deux vieillards une nouvelle vigueur.

Lorsque ma mère m'apprit l'offre qui avait été faite à mon père, je revins au village avec la ferme intention de lui conseiller d'accepter, mais je repartis finalement sans en souffler mot. Le dos de mon père, qui se traînait péniblement jusqu'au jardin, brusquement amaigri depuis qu'il avait atteint la soixantaine, me parut, sous un sarrau paysan tout rapiécé, comment dire ? absolument coupé du monde.

Ma mère m'avait alors révélé qu'on pouvait compter sur les doigts de la main le nombre de fois où il était sorti de chez eux depuis sa retraite et que, sans accueillir de mauvaise grâce les visites des voisins, il dédaignait de les leur rendre. Il ne se manifestait même pas chez les alliés de la famille, qui habitaient dans trois ou quatre maisons, à quelques centaines de mètres. Pis encore : il avait même l'air d'éviter de s'aventurer sur la route qui passait devant chez eux.

Mon frère, mes sœurs et moi, nous étions au courant des tendances misanthropiques de mon père, mais nous avions fondé nos foyers en ville, nous éloignant ainsi de nos parents, et ce penchant chez lui s'était accentué avec l'âge d'une façon inattendue.

Dans un tel état d'esprit, mon père ne songeait même pas à pouvoir être à charge à ses enfants. Cependant, ma mère et lui devaient tout juste joindre les deux bouts. Après la guerre, on était entré dans une ère tout à fait nouvelle : la pension avait été momentanément interrompue et, quand elle reprit, son montant avait diminué. J'envoyais tous les mois une certaine somme à mon père. Il lui en coûtait d'accepter. Il le faisait la mort dans l'âme. J'avais beau augmenter son pécule, il s'en tenait au strict nécessaire. Outre son potager, il élevait des poulets et allait jusqu'à fabriquer du *miso* [1], se refusant à gaspiller de l'argent pour les aliments qui n'étaient pas indispensables.

Mon frère, mes sœurs et moi, qui avions acquis notre indépendance en nous intégrant à la société, chaque fois que nous le revoyions, nous lui en faisions le reproche, sans jamais réussir à le convaincre de changer de style de vie. Dans le désir d'adoucir les vieux jours de nos parents, nous n'hésitions pas à leur envoyer de l'argent, mais ils ne l'utilisaient pas. Si nous expédiions des *futon* [2] ou des vêtements, ils les considéraient comme trop précieux et les reléguaient, pour la plupart, dans un coin, sans beaucoup s'en servir, si bien que nous nous rabattions sur la nourriture. Comme elle aurait fini par pourrir, mon père se résignait à la manger et ne pouvait empêcher ma mère d'en faire autant.

Je pense qu'il convient de dire que les quatre-vingts années que vécut mon père furent sans tache. Certes, il était loin de faire preuve de charité à l'égard d'autrui, mais il ne suscitait aucune animosité.

Ce qui restait sur son compte après sa mort couvrait tout juste les frais de ses funérailles et de celles de ma mère. Mon père, qui, en se mariant, avait été adopté par la famille de ma mère, me légua la maison et le terrain qu'il avait hérités de sa belle-famille. Il avait vendu la plupart des meubles acquis alors qu'il servait encore dans l'armée de terre et le mobilier restant ne présentait aucun

1. Pâte de soja fermenté. *(N.d.T.)*
2. Couette ou couche ouatée. *(N.d.T.)*

intérêt. En revanche, le moindre des bibelots, transmis de génération en génération dans la maison, le moindre élément décoratif avaient été conservés. Il n'avait pas altéré le patrimoine d'un sou, ni en plus ni en moins.

C'est ma grand-mère qui m'a élevé, à l'écart de mes parents. Je dis « grand-mère » bien qu'il n'y eût aucun lien de sang entre nous : c'était en fait la maîtresse de mon arrière-grand-père, médecin, lui aussi. Elle s'appelait Nuï. A la mort de mon arrière-grand-père, Nuï adopta son patronyme, elle fonda une branche cadette de la famille et fut considérée comme la mère nourricière de ma mère. Bien entendu, cette particularité familiale était conforme aux dernières volontés de mon arrière-grand-père dont la vie tout entière clamait son anticonformisme.

Finalement, cette Nuï fut reconnue sur les registres comme étant ma grand-mère. Petit, je l'appelait Mémé-Nuï, la distinguant ainsi de ma vraie arrière-grand-mère, alors vivante, et de ma vraie grand-mère, la mère de ma mère. J'appelais mon arrière-grand-mère Grand-mémé et ma grand-mère simplement Mémé.

Je fus confié à Mémé-Nuï sans raison particulière. Simplement, quand ma mère fut enceinte de ma sœur, elle chargea Mémé-Nuï qui se trouvait dans notre village de s'occuper de moi. Et je passai toute mon enfance auprès d'elle. Le soin qu'elle prenait de moi était censé consolider ses rapports difficiles avec la famille. Elle éprouva une affection si vive à mon égard qu'elle refusa d'être séparée de moi. Quoi de plus normal si, à cinq ou six ans, j'avais perdu toute envie de retourner chez mes parents ? Après ma sœur, ils attendaient alors mon frère et ils se disaient qu'après tout, si je ne voulais pas, il ne fallait pas me forcer. Ils n'insistèrent pas.

A la mort de Mémé-Nuï, je terminais l'école primaire. Je quittai pour la première fois notre village pour rejoindre mes parents, mon frère et mes sœurs. Je poursuivis mes études au collège de la ville où fut nommé mon père. Mais, au bout d'un an seulement, mon père était muté et cette période de vie commune avec ma famille fut interrompue. On m'inscrivit à l'internat d'une petite ville voisine. Après le collège, je revins chez moi pour préparer l'entrée au lycée. Je vécus alors deux ans dans ma famille, mais une nouvelle mutation de mon père apporta un terme à ce séjour après lequel je n'ai plus eu l'occasion de vivre avec mes parents, mon frère et mes sœurs.

J'étais donc le moins proche de mon père, mais il n'avait jamais marqué de différence entre ses enfants, quoiqu'il n'eût tenu que les trois autres sur ses genoux. Il savait se montrer équitable et il n'avait pas besoin de se faire violence du reste. Se détacher de ceux qui étaient loin de ses yeux et ne s'attacher qu'à ceux qui se trouvaient auprès de lui, voilà bien un défaut qui lui était entièrement étranger. L'élection de l'amour était chez lui radicalement absente. On pourrait presque aller jusqu'à dire qu'il mettait sur le même plan ses enfants et ceux de ses amis, si récents fussent-ils. Un tel père qui semblait de glace pour ses enfants passait pour chaleureux aux yeux d'un tiers.

A soixante-dix ans, il fut atteint d'un cancer. L'opération lui valut une rémission d'une dizaine d'années, au bout de laquelle il dut garder le lit pendant six mois. Il s'affaiblit peu à peu. En raison de son grand âge, on évita une seconde opération. Sa mort n'était plus alors qu'une question de temps et la période pendant laquelle nous ne cessions de nous dire : ce sera aujourd'hui ou demain, dura près d'un mois.

Mes sœurs, mon frère et moi, avions apporté nos habits de deuil chez mes parents et, nous préparant à la fin imminente du malade, nous multipliions les aller et retour entre le village et Tōkyō. J'avais rendu visite à mon père la veille de sa mort, mais, me fiant aux paroles du médecin qui m'avait assuré qu'il tiendrait encore quatre ou cinq jours, j'étais revenu à Tōkyō. Entre-temps mon père mourut.

Il avait gardé les idées claires jusqu'au dernier instant. Il distribuait à ses proches des consignes allant du repas à servir aux visiteurs, jusqu'à l'annonce de sa propre mort.

Quand je le vis pour la dernière fois, je l'informai que j'allais rentrer à Tōkyō, mais que je reviendrais au bout de deux ou trois jours. Il sortit alors de sous le *futon* une main amaigrie qu'il me tendit. Comme, jusqu'alors, il n'avait jamais eu un tel geste, je ne compris pas sur l'instant ce qu'il me voulait. Je pris sa main dans la mienne. Il la serra. Il exerça une légère pression, mais juste après, je sentis presque imperceptiblement qu'il me repoussait. C'était comme une « prise », un poisson qui mord la ligne d'une canne à pêche. Dans ma surprise, je lâchai sa main. Je ne savais pas quel sens donner à ce geste, mais il exprimait certainement un sursaut de volonté de sa part. J'éprouvais la sensation glacée d'avoir été repoussé, comme si à ma légèreté de lui avoir serré la main, mon père avait répondu : « Ne plaisante pas. »

Cet incident resta imprimé en moi plusieurs jours après sa mort. J'y repensais de manière obsessionnelle. Sentant sa fin, peut-être avait-il seulement esquissé un ultime geste d'affection paternelle. Au dernier moment, il avait réprouvé ce mouvement de son cœur. C'était une interprétation. A moins qu'il n'eût ressenti quelque chose de déplaisant dans ma réponse et qu'il ne m'eût retiré son amour, en abandonnant ma main. Dans les deux cas, il m'avait repoussé avec une délicatesse où se mêlaient le perceptible et l'imperceptible, et la distance soudain réduite entre nous avait repris sa première forme. Je trouvais mon père fidèle à lui-même et j'estimais qu'il convenait qu'il en fût ainsi.

Mais j'avais du mal à écarter l'éventualité que ce fût moi qui avais relâché sa main. La chose était aussi bien envisageable de ma part que de la sienne. Cependant, il avait certainement ignoré cette sensation glacée d'une « prise » au bout d'une canne à pêche et c'était à moi d'assumer pleinement la situation. Rien ne m'autorisait à penser le contraire. En ce moment crucial, cette complaisance ne vous ressemble pas. Il ne faut pas offrir à vos enfants, à moi, votre main. Peut-être ai-je rendu à mon père cette main que j'avais saisie. Et cette interprétation, chaque fois qu'elle s'imposait à moi, me faisait souffrir.

Je parvins cependant à me libérer de cette pénible obsession : quel sens donner à cet incident ? La délivrance me vint soudain, sans aucun préavis. Je me sentis enfin libre à la pensée que lui aussi, poursuivi par la même hantise, au fond de sa tombe, il ressassait ce petit jeu incompréhensible que nul autre que nous ne connaîtrait. Peut-être, là-bas, lui aussi, pensait-il à cette « prise ». Et alors, je me perçus comme son enfant, sensation que je n'avais pas connue de son vivant. J'étais son fils et il était mon père.

Par la suite, je fus saisi à plusieurs reprises par l'idée que je lui ressemblais. De son vivant, je n'y avais jamais pensé et mes proches étaient convaincus que j'avais un caractère absolument opposé au sien. Depuis l'époque de mes études, je m'étais toujours forcé à adopter consciemment un style de vie, une manière de penser contraires aux siens. Même si l'on ne tenait pas compte de cette volonté délibérée, on ne pouvait pas dire que nous nous ressemblions.

Dès sa jeunesse, mon père avait été ostensiblement misanthrope, alors que j'étais toujours entouré d'un grand nombre d'amis. Pendant mes études, je comptais parmi les champions de mon club sportif et je me mêlais au cercle le plus gai. Cette tendance subsista à la sortie de l'université, quand je m'intégrai à la vie sociale, jusqu'au moment où j'atteignis l'âge où mon père avait pris sa retraite. Même à ce moment-là, il m'aurait paru impensable de me retirer dans mon village, sans fréquenter personne. Vers quarante-cinq ans, je démissionnai de mon journal et je commençai une carrière d'écrivain : c'était à peu près l'âge auquel mon père rompait avec la société.

Or, après sa mort, par instants fugitifs, je finissais par sentir que mon père était en moi. Maintenant encore, quand je veux descendre de la terrasse dans le jardin, je sens que je cherche du pied mes socques d'un geste qui est le sien. Il en est de même quand j'ouvre le journal dans le salon et que je me penche pour le lire de près.

De même, quand je prends la tabatière, il m'arrive de la remettre à sa place, en me rendant compte que mon geste est identique au sien. Tous les matins, face au miroir du lavabo, je me rase au rasoir à main et, au moment de rincer au robinet la mousse du blaireau et de presser avec les doigts les poils sous l'eau, je me demande si je n'agis pas exactement comme lui.

Pour ce qui est de la ressemblance des gestes et des comportements, passe encore. Mais l'idée me poursuivait alors que je lui ressemblais jusque dans ma manière de penser. De temps à autre, quand je travaille, je quitte ma table pour m'asseoir dans un fauteuil de rotin sur la terrasse et je me mets à rêvasser. Immanquablement, mes yeux se posent sur un vieil orme aux branches tendues en tous sens. Mon père faisait la même chose. Au village, se délassant dans un fauteuil de rotin sur la terrasse, il contemplait toujours les branches des arbres. J'ai soudain l'impression d'un abîme qui s'ouvre devant moi. Mon père n'était-il pas plongé dans ce genre de réflexions ? Voilà ce qui me préoccupe. C'est ainsi que je sens sa présence en moi, grâce à de telles sensations, il m'arrive de plus en plus souvent de penser à cet homme qu'il était. Je dialogue de plus en plus avec lui et je me confie à lui.

Je me suis aperçu, après sa mort, qu'en vivant il avait pour rôle de me protéger contre la mort. De son vivant, je n'envisageais jamais ma disparition, parce que je sentais qu'il continuait à vivre. Ce n'était pas à proprement parler conscient, mais cela avait sa place, quelque part, dans mon cœur. Une fois qu'il est mort, entre la mort et moi, un souffle est passé et une perspective s'est ouverte. Que je le veuille ou non, je suis bien forcé de jeter un regard sur une partie de cet océan. J'ai eu le sentiment que mon tour viendrait et qu'il fallait sa mort pour m'en persuader. Sa vie seule me protégeait, moi, son enfant. Désormais, cela ne le préoccupait plus guère et il ne s'agissait ni d'une préoccupation humaine ni d'un problème d'amour filial. C'était ce que seul pouvait produire le rapport d'un père et de son fils, le sens le plus pur que pût avoir une relation filiale.

Après sa mort, j'en arrivai à envisager la mienne comme un événement qui n'était pas si lointain. Mais l'existence de ma mère me voile la vue sur la moitié de l'océan de la mort et sa disparition seule peut enlever ce paravent. La mort se dressera alors devant moi, faisant passer sur moi un souffle plus puissant.

Ma mère a maintenant atteint l'âge où mon père est décédé. Comme il y a cinq ans de différence entre eux, elle a cette année quatre-vingts ans.

2

Le problème immédiat que posait la mort de mon père concernait la situation matérielle de ma mère. L'une de mes sœurs vivait à Mishima et la seconde, mon frère et moi étions installés à Tōkyō. Ma mère n'avait pas la moindre envie de quitter l'endroit où elle avait vécu pendant trente ans, mais nous ne pouvions la laisser seule.

Elle jouissait d'une excellente santé. De petite taille, elle n'était pas voûtée. Au moindre mouvement, ses joues s'empourpraient et l'on avait du mal à admettre son âge. Elle lisait le journal sans lunettes. S'il lui manquait une ou deux molaires, elle n'avait pas une seule fausse dent. Son corps ne présentait aucune faiblesse, mais deux ou trois ans avant la disparition de mon père, elle commença à avoir des trous de mémoire : elle répétait deux ou trois fois la même chose.

Mon père semblait si préoccupé à l'idée de partir avant elle que, jusqu'à son dernier soupir, il demanda à tous ceux qui l'approchaient de prendre soin d'elle. Ce souci me paraissait bizarre mais, dès que je la vis seule, je compris cette inquiétude : en partageant pour quelque temps sa vie, je dus reconnaître que la vieillesse avait fait son œuvre sur son cerveau.

Cinq ou dix minutes face à elle ne suffisaient pas à le laisser percevoir, mais au bout d'une bonne heure, on constatait qu'elle répétait les mêmes phrases. Les paroles qu'elle prononçait lui sortaient de l'esprit aussi bien que les réponses de ses interlocuteurs. Leur contenu n'avait rien de choquant, du reste, et on pouvait s'y attendre de sa part, car, contrairement à mon père, elle s'était toujours montrée sociable. Elle demandait des nouvelles des autres, avec une grande douceur. A l'entendre une seule fois, nul ne se serait douté qu'une partie de son cerveau était rouillée par les ans. Mais, quand les mêmes mots revenaient, avec les mêmes mimiques, on ne pouvait s'empêcher de trouver cela bizarre.

Pendant une année, ma mère resta seule avec une jeune bonne qui aurait pu être sa petite-fille. Lorsqu'on célébra le premier anniversaire de la mort de mon père, elle se résolut, non sans avoir opposé la plus vive résistance, à s'installer à Tōkyō chez Kuwako, sa fille cadette. Ma sœur avait monté un salon de coiffure après son divorce ; ce fut donc elle qui se chargea de recueillir notre mère. A Tōkyō se trouvaient également ma maison et celle de mon frère, mais ma mère préférait dépendre de sa fille et non d'une bru. C'était la condition essentielle de son installation à Tōkyō.

A partir de ce déménagement, sa tendance à ressasser les mêmes anecdotes s'accentua. Kuwako, à chacune de ses visites, me racontait dans quel embarras ma mère la mettait. C'était comme un disque rayé. Je pouvais concevoir combien c'était insupportable. Pour permettre à ma sœur de souffler un peu, j'accueillais ma mère de temps à autre.

Mais il suffisait d'une nuit pour que, dès le matin suivant, elle exprimât le désir de rentrer chez ma sœur. Même en insistant, on ne pouvait la persuader de rester plus de trois jours. Ce symptôme de répétition et d'oubli chez elle était de plus en plus flagrant.

« Grand-mère a fini par se détraquer ! » disait mon fils aîné, alors étudiant.

En effet, j'avais l'impression d'être en présence d'une machine détraquée. Il ne s'agissait pas vraiment d'une maladie : simplement, quelque chose ne fonctionnait plus en elle. Et, comme le reste était normal, notre relation n'en devenait que plus délicate avec elle. Ses oublis étaient effrayants, mais elle conservait parfois une très bonne mémoire.

Lorsqu'elle logeait à la maison, elle venait plusieurs fois par jour dans mon bureau. Je la reconnaissais tout de suite à sa façon typique de trottiner en pantoufles dans le couloir.

« Excuse-moi de te déranger, disait-elle avec déférence. Je voulais te raconter une histoire », poursuivait-elle avant de se lancer dans un récit que j'avais déjà entendu cent fois. « La fille d'Untel, au village, s'est mariée, il va falloir lui faire un cadeau. Untel a dit cela, il faut que tu le saches... »

Ce n'étaient que des vétilles pour nous, mais il fallait croire que ces détails, sans cesse redits par elle, comptaient à ses yeux.

A la énième visite, elle finissait par s'interroger : une hésitation se lisait sur son visage.

« Dis-moi », faisait-elle.

Je la devançais alors et achevais pour elle. Elle prenait aussitôt un air de pudeur offensée.

« C'est vrai, je te l'ai déjà raconté », s'excusait-elle comme une jeune fille.

S'esquivant, elle traversait la pièce, passait dans le couloir et, comme appelée par une affaire qu'elle se rappelait soudain, elle enfilait ses socques et sortait dans le jardin. Au bout de quelques instants, j'entendais au-dehors son rire insouciant et gai. Elle parlait avec quelqu'un. Cependant, une heure ou deux plus tard, elle réapparaissait dans mon bureau et recommençait.

Elle devait porter un intérêt extraordinaire à ces anecdotes. Nous essayions de la distraire provisoirement de cette obsession. Par exemple, quand elle avait pour idée fixe d'envoyer un cadeau à telle ou telle personne, Mitsu, ma femme, lui montrait l'objet et, devant elle, chargeait notre bonne de le porter à la poste après avoir fait un paquet. Mais sa hantise ne la quittait pas pour autant.

« Vous pouvez toujours me le dire, mais je me demande si vous l'expédiez vraiment », persiflait-elle, en considérant avec suspicion les mains de ma femme qui emballait le présent.

Elle n'était donc pas si gentille que cela : elle savait avec acuité percevoir dans chaque acte ce qu'il contenait de naturel ou de calculé. C'était donc par entêtement qu'elle s'acharnait à répéter cette remarque. Mais elle n'y mettait vraiment ni mauvaise volonté ni malice. En une heure ou deux, elle avait tout oublié, y compris que Mitsu avait fait un paquet devant elle.

Ce n'étaient pas toujours les mêmes paroles que

laissait entendre le « disque rayé ». Pour une raison ou pour une autre, le personnage sur lequel se fixait jusque-là l'intérêt de ma mère disparaissait en un éclair au profit d'un autre. Kuwako elle-même, qui la connaissait mieux que tous, ne s'expliquait pas pourquoi cette obsession s'évanouissait brusquement. Du jour au lendemain, elle cessait de répéter ce qui la veille encore la hantait. Et, une fois qu'elle y avait renoncé, il n'était plus question pour nous de l'y ramener. Elle manifestait un désintérêt total à l'égard de cette chose-là.

Le contenu de ses ressassements recouvrait donc une certaine diversité. Si elle exprimait un souhait quelconque, elle répétait également telle histoire entendue, tel événement lointain. La raison pour laquelle elle avait été frappée n'était pas très claire.

C'est l'année dernière, au cours de l'été, que je me suis rendu compte qu'elle parlait souvent d'un certain Shunma, un jeune parent à nous, disparu à l'âge de dix-sept ans, vers 1893 ou 1894. Ce soir-là, j'avais invité des amis au restaurant, dans le quartier de Tsukiji, et je rentrai à onze heures passées. Assis sur le canapé du salon, j'entendis dans la grande pièce voisine la voix de ma mère mêlée à celles de mes enfants.

« Tiens, Grand-mère est là », dis-je à Mitsu, ma femme.

Comme toute ma famille, j'appelais ma mère « Grand-mère ».

« Je ne sais pas quel bon vent l'amène », répondit-elle, en souriant.

A la fin de l'après-midi, Kuwako avait téléphoné,

expliquant que ma mère voulait venir chez nous, ce qui était très rare de sa part.

« Je suis sûre qu'au bout d'une nuit, avait-elle ajouté, elle voudra revenir à la maison. Mais quand elle s'est mis martel en tête, rien ne l'en fait démordre. Je vais vous l'envoyer en taxi, si cela ne vous ennuie pas de l'accueillir. »

« Grand-mère, je comprends bien que tu aies été amoureuse de Shunma. Mais cela ne se fait pas de dire Shunma ci... Shunma là... Quand on a quatre-vingts ans, on ne dit pas de ces choses-là, hein... »

C'était mon cadet, élève de terminale, qui parlait ainsi, comme s'il grondait un enfant.

« Pourquoi veux-tu que j'aie été amoureuse ? protestait la voix de ma mère.

— Quoi ? Grand-mère, tu te dérobes ! Tu étais amoureuse de Pépé-Shunma, non ? Tu le détestais, peut-être ? Allons, tu ne le détestais pas...

— Comment ? Pépé-Shunma ? Mais ce n'était pas un pépé ! Il avait juste ton âge !

— S'il vivait encore, il aurait près de quatre-vingt-dix ans, non ?

— Vraiment ? Ça m'étonnerait...

— Écoute, il avait sept ou huit ans de plus que toi, non ?

— Tu as beau dire " s'il vivait encore ", il est bel et bien mort à ce moment-là et on n'y peut rien. Il avait juste ton âge. Il n'y a que l'âge qui est pareil, parce qu'il était plus gentil et plus intelligent que vous tous ! »

La voix de ma mère disparut sous les huées des enfants. Quelqu'un dut tomber en arrière, parce que la porte coulissante craqua. C'est le cadet qui parlait et j'entendis les rires de l'aîné, étudiant, et de la cadette, encore collégienne. J'entendis aussi rire ma mère qui dut penser qu'il fallait se mettre au diapason... Il régnait une ambiance très enjouée.

« Je n'aime pas trop que les enfants se moquent de Grand-mère, dis-je.

— C'est la faute de Grand-mère. Chaque fois qu'elle vient ici, elle met la main sur les enfants et elle ne cesse de raconter des histoires sur son Shunma, répondit Mitsu.

— Quel genre d'histoires ?

— Que Shunma était gentil, que c'était un étudiant brillant qui était entré à dix-sept ans en propédeutique, que, s'il avait vécu, il serait devenu un grand savant. Avec tout ça, il est normal qu'ils se moquent d'elle... Elle parle également avec fierté de Takénori, le frère de Shunma, mais pas autant que de lui... L'autre jour, pour l'anniversaire de la mort de Grand-père, on a invité Grand-mère à dîner, n'est-ce pas ? Là aussi, elle n'avait que ce Shunma à la bouche, je lui ai dit de parler un peu de Grand-père, sinon elle manquerait à son devoir. »

Je n'étais pas du tout au courant de cette manie. Étonnée de mon ignorance, elle poursuivit :

« Il y a déjà longtemps qu'elle s'est mise à parler de Shunma. Tu n'étais pas au courant ? C'est parce que tu es son fils, qu'elle ne t'en a jamais parlé ?... Je suppose qu'elle en était très amoureuse.

— Je suis très surpris. Pauvre papa ! » dis-je.

Bien sûr, je gardais le souvenir de ces noms, Shunma et son frère Takénori, comme de parents plus ou moins proches. A vrai dire, le père de ma mère était leur cousin. Ces deux frères avaient perdu très tôt leurs parents et avaient été élevés, semble-t-il, avec ma mère. A peine inscrit en propédeutique, Shunma était mort et son frère également, pendant ses études. Ils étaient décédés tous les deux à dix-sept ans. Pour être entrés à l'université à cet âge, ils devaient être, comme le disait ma mère, très brillants. Leurs deux tombes sont côte à côte dans le caveau familial, mais le patronyme du frère aîné est le nôtre, tandis que le cadet n'a pas changé de nom. J'avais toujours eu le sentiment, quand j'étais petit, que des individus douteux reposaient dans notre sépulture.

Depuis que je savais que ma mère ne cessait de parler de Shunma, je prêtais discrètement attention. J'étais le seul à n'avoir pas été mis au courant : même notre bonne savait que ma mère était obsédée par Shunma, comme s'il s'agissait de son amant.

Quand Kuwako vint chez nous, je posai le problème.

« Grand-mère ne l'évoque jamais devant moi, assura-t-elle. Mais c'est une chose connue aussi bien au village que dans la famille. Je pense que c'est par pure discrétion qu'elle n'en souffle mot à ses enfants. Il lui reste encore au moins cette faculté de discernement. »

Au fond, ses propos étaient très anodins. Qu'il était gentil, qu'il était brillant, qu'un jour, alors qu'il étudiait, elle s'était approchée de la terrasse, par le jardin, et qu'il l'avait invitée : « Je t'en prie, entre donc. » C'était tout. A l'époque, ma mère ne devait avoir que sept ou huit ans. Pour une petite fille de son âge, la proposition du garçon devait constituer un événement inoubliable. Elle ne révélait rien d'autre. Non pas qu'elle eût quelque chose à cacher, mais probablement n'avait-elle gardé aucun autre souvenir. Il me semblait que parmi ses préoccupations, seule celle qui concernait Shunma était destinée à ne jamais disparaître de son esprit. C'était ce qui la différenciait de ses autres fixations.

Quand nous nous retrouvions, mon frère, mes sœurs et moi, nous soulevions souvent la question. Tout le monde convenait qu'elle aimait Shunma. Il n'y avait pas d'autre explication. Chaque fois qu'on y revenait, quelqu'un faisait remarquer qu'il était plutôt embarrassant qu'elle eût oublié qu'elle avait passé toute sa vie avec son mari et qu'elle n'eût que le nom de Shunma à la bouche. Cette histoire était immanquablement interrompue par un éclat de rire, car notre mère possédait un humour inattendu : notre étonnement même nous donnait le sentiment d'avoir été dupés par celle qui nous avait mis au monde.

Quand j'en pris conscience, il me sembla que l'apparence de ma vieille mère différait quelque peu de l'image que j'avais d'elle jusque-là.

Nous avions passé l'âge de nous scandaliser de ce qu'elle eût gardé en son cœur un tel sentiment depuis sa jeunesse. Notre père l'aurait-il appris dans sa tombe, je ne crois pas qu'il en aurait été ému outre mesure. Sans doute. C'était une histoire vieille de soixante-dix ans et, malgré les remontrances que nous faisions à notre mère, nous trouvions plutôt à cette anecdote de la fraîcheur.

J'interdis aux enfants de se moquer de leur grand-mère, mais quand elle venait, c'était elle qui commençait à dire : « Shunma... », comme si elle allait se lancer dans une nouvelle anecdote et les petits, d'abord hochant la tête avec indifférence, finissaient par se moquer d'elle. Quand elle se mettait à parler de lui, elle affichait une certaine pudeur et, après un préambule enfantin du genre : « En principe, je ne devrais pas en parler, mais je vais essayer de vous en dire un mot... », elle recommençait. Elle avait complètement oublié qu'elle leur en avait déjà rebattu les oreilles, mais son attitude avait du moins l'enthousiasme des débutants...

Quand elle évoquait Shunma, je posais les yeux sur son visage. C'était un spectacle aussi passionnant que le frémissement des antennes d'un insecte. Comme elle ne parlait jamais devant moi, il me fallait l'épier quand elle s'adressait à ses petits-enfants et, après une hésitation, une retenue, une expression de sincérité se lisait sur son visage. Je finissais par croire qu'elle avait réellement aimé Shunma et j'étais frappé par cette émotion demeurée intacte. Ses propos aussi bien que ses mimiques contenaient une certaine tristesse qui cependant n'avait rien à voir avec la vieillesse. Dans son rire insouciant d'un optimisme propre à son âge et dans ses absences, je remarquais quelque chose qui méritait un examen silencieux.

« On dit qu'il ne faut pas se laisser attendrir par une femme, même si elle vous a fait un enfant, et c'est bien vrai ! dis-je à Mitsu.

— Tu crois vraiment ? Moi, je me demande si Grand-mère n'est pas spéciale. »

Ma femme eût alors un regard hésitant.

« Quand je vois Grand-mère, je me dis que la vie

d'un être humain se réduit à bien peu de chose », lâcha-t-elle pour tout commentaire.

Mais on pouvait tout aussi bien affirmer qu'une union charnelle entre deux époux, durant toute une vie, n'avait aucun sens et qu'il suffisait d'une bribe d'amour spirituel pour donner son prix à l'existence. Notre conversation était pleine de mélancolie. La vie, considérée à partir de son terme, paraît sans valeur, mais il ne me semblait pas absurde qu'une femme ayant vécu jusqu'à quatre-vingts ans finît sous cette apparence-là.

L'été dernier, la mère de Mitsu est décédée à Hiroshima, chez son autre fille. Du côté de ma femme aussi, on vit vieux : son père était mort à quatre-vingts ans, au même âge que le mien, à la fin de la guerre, et sa mère à quatre-vingt-quatre ans. Dès qu'elle apprit que l'état de sa mère s'était aggravé, ma femme se rendit aussitôt à Hiroshima, où elle resta quinze jours à son chevet, jusqu'à son dernier soupir. Une grippe m'empêcha d'assister aux funérailles. J'avais vu ma belle-mère, pour la dernière fois, en mai.

Après la cérémonie, Mitsu resta encore près de deux semaines chez sa sœur. Il était rare que Mitsu acceptât de quitter la maison ; mais il y avait des affaires à régler après le décès de sa mère et puis, maintenant, c'était l'ultime occasion qu'elle avait de passer quelques jours avec sa sœur. Le soir même de son retour, elle raconta, au dîner, les derniers instants de sa mère. C'était ce dont elle avait été témoin et ce qu'elle tenait de sa sœur. « Toutes les grands-mères se ressemblent au fond » : c'est en ces termes qu'elle nous entretint de sa mère de Hiroshima.

Un mois avant sa mort, ma belle-mère ne cessait d'appeler sa sœur, qui l'avait élevée : « Grande sœur, donne-moi de l'eau chaude, grande sœur, fais-moi boire le médicament, s'il te plaît. » En toute occasion, elle l'appelait. Il y avait un an qu'elle était alitée et, jusque-là, elle jouissait d'une lucidité exceptionnelle : tous les matins, elle donnait des instructions pour qu'on mît de l'eau à l'autel où se trouvait la tablette funéraire de son mari et elle était capable de rédiger des lettres de remerciements adressées aux personnes qui lui avaient rendu visite. « Grand-père-ci... Grand-père-là... » Il ne se passait pas un jour sans qu'elle eût évoqué son mari mort une dizaine d'années auparavant. Et puis, du jour au lendemain, elle ne prononça même plus la première syllabe de « Grand-père » et n'avait plus à la bouche que le nom de sa sœur. On reconnaissait dans ses appels incessants l'inflexion d'une petite fille qui cherche à se faire cajoler mais ce ton, chez une femme de quatre-vingt-quatre ans, était très déconcertant.

« Quand je suis arrivée, elle m'a prise également pour sa sœur. “ Grande sœur, tu es donc venue... ” fit ma femme en imitant sa manière de parler.

— Oh ! Quelle horreur ! protesta mon fils aîné.

— Cela n'a rien d'horrible, justement ! Elle se faisait câliner avec une telle gentillesse qu'on se demandait d'où lui venait une voix aussi douce. L'infirmière était remplie d'admiration. “ Attention, les *Grande sœur* vont commencer... ” »

A partir de là, elle était retombée en enfance et deux ou trois jours avant sa mort, elle était redevenue bébé. Elle mettait le pouce à la bouche, en le suçotant. Elle se croyait en train de téter. Et elle le faisait vraiment comme un bébé.

L'image de cette femme de quatre-vingt-quatre ans en train de sucer son pouce dépassait tout ce que je pouvais imaginer. Il paraît que ma belle-mère s'est tassée à l'approche de sa mort et si je l'avais vue, ainsi rapetissée, peut-être n'aurais-je pas trouvé ce geste si contraire à la nature.

« Maintenant que j'ai vu Grand-mère de Hiroshima, me dit Mitsu, je crois que je peux comprendre Grand-mère. Elle prend bien le chemin de redevenir bébé, elle aussi, je pense. Pour l'instant, elle s'est arrêtée à l'âge de dix ans. Je suis sûre que c'est cela. Ce n'est pas qu'elle soit incapable d'oublier Shunma, mais simplement elle est retournée à l'époque où elle avait dix ans et où elle jouait avec lui. »

Je n'avais aucun argument à opposer à sa thèse.

« Alors, comme ça, Grand-mère a dix ans, dit ma fille cadette. Comme à cette époque, elle ne s'était pas encore mariée avec Grand-père, il est normal qu'elle ne parle pas de lui. Elle ne le connaît même pas.

— Grand-mère de Hiroshima a pris un rythme rapide, intervint mon fils cadet. En un éclair, elle est redevenue jeune fille, puis enfant, enfin bébé, et elle est morte. Comme l'autre est en bonne santé, ces " dix ans " vont encore durer quelques années. On va encore pendant un bon moment entendre parler de Shunma !

— Rajeunir, enchaîna l'aîné, cela implique aussi que le passé s'efface. S'il disparaît entièrement, c'est parfait, mais il y a toujours une part qui demeure et c'est le plus gênant. On fait disparaître ce qui ne vous arrange pas et on ne garde que ce qui vous arrange... Cela dit, nous avons calomnié Grand-mère, la pauvre ! »

J'écoutais ces commentaires et, quoique ce ne fût pas nécessairement comparable, je me disais qu'il y avait de cela chez tous les vieillards. Ma mère n'échappait pas à la règle. Une partie du passé avait complètement disparu chez elle. Elle avait oublié mon père et l'intérêt qu'elle portait à ses enfants s'était considérablement affaibli. Quant à son amour pour ses petits-enfants, il était à peu près réduit à néant. Elle avait dû commencer à effacer, exactement comme avec une gomme, la longue ligne de sa vie. Bien sûr, elle n'en était pas consciente, car c'était cette chose implacable que l'on nomme la vieillesse qui peu à peu gommait les années, à partir des points qui se trouvaient à portée de la main.

Quant à mon père, je ne crois pas qu'il ait rien effacé jusqu'à sa mort. Sa vie était tracée très distinctement d'un trait épais. Il n'était jamais revenu à l'âge de dix ans ni à l'état de nourrisson. C'est en restant lui-même qu'il avait saisi ma main, celle de son enfant, et qu'il avait mis un terme aux quatre-vingts ans qu'avait duré sa vie. Mais dans son cas également, peut-être, quelques minutes avant sa mort, la vieillesse a-t-elle saisi la « gomme », sous une forme méconnaissable, pour effacer quelque endroit de son existence. On ne peut écarter cette éventualité.

Après cette conversation, je fis part à mon frère et à mes sœurs de ma théorie.

« Autrement dit, commenta Kuwako, Grand-mère va sucer son pouce dans quelques années... Elle sera mignonne, comme ça. Mais est-ce que vous savez quel est son principal intérêt depuis quelques jours ? Le cadeau des funérailles. Elle a appris que quelqu'un était mort au village et elle ne cesse de rappeler qu'il faut offrir un cadeau de funérailles. Avant de comprendre que j'avais fait le nécessaire, elle s'est montrée insupportable ! Elle a de ces agendas funéraires qu'on remplissait autrefois : " Telle somme pour Untel... Telle somme pour Untel... ", mais vous savez que les temps ont changé. Il y a des familles qui en sont à la génération suivante et auxquelles on ne doit pas donner d'argent, mais elle ne comprend pas cela. Et la valeur de l'argent a baissé. Cela non plus, elle ne l'admet pas... Vous n'y êtes pas du tout, avec vos " dix ans "... »

Ma sœur, qui avançait cette explication, connaissait mieux que nous notre mère puisqu'elle avait toujours vécu avec elle. Aussi devions-nous reconnaître qu'en effet, ces « dix ans », ça n'allait pas du tout...

« Quand elle s'obstine ainsi, poursuivit ma sœur, Grand-mère est une vraie tête de pioche. Mort égale cadeau funéraire... J'ai l'impression que quand elle apprend la mort de quelqu'un, elle pense aussitôt par réflexe qu'il faut offrir un cadeau pour les funérailles. On dirait vraiment qu'elle se croit endettée. »

3

Ce printemps-là, je projetai d'aller contempler les fleurs à quelque distance de chez nous, avec les membres de ma famille qui le pourraient, dans l'idée d'entourer ma mère d'attentions. C'était une brève excursion pour fêter son quatre-vingtième anniversaire. Après une nuit à l'hôtel Kawana et une autre dans un hôtel de Shimoda récemment construit, nous passerions en voiture le col d'Amagi avant d'arriver au village. Notre intention était de nous recueillir ensemble sur la tombe de notre père. Nous avions réservé les chambres au début de l'année, chaque participant avait donné sa réponse, mais ma mère ignorait encore tout. Kuwako insista pour que nous cachions ce projet le plus longtemps possible, car s'il venait aux oreilles de ma mère, elle agacerait son entourage, en ne cessant de répéter la même question sur le jour du départ. Nous décidâmes donc de ne rien dire jusqu'à la veille du voyage.

Mais, qui sait comment ? Ma mère finit par savoir, vers le mois d'avril, que nous irions tous ensemble contempler les fleurs à Izu. A quelques jours de la date prévue, elle téléphonait du matin au soir à la maison. Pour m'appeler, elle profitait de l'absence de Kuwako qui travaillait au salon de coiffure. Ce qui l'intriguait surtout, apparemment, c'était de savoir si elle pourrait s'arrêter au village. Chaque fois qu'on lui répondait au téléphone qu'on y passerait sans faute, elle disait :

« Ah ! C'est bien alors. »

Mais cela lui sortait aussitôt de l'esprit.

Au moment du départ, son agitation fut à son comble. Accompagnée de Kuwako, elle vint dormir la veille chez moi. Elle s'inquiétait en pensant qu'on pourrait l'abandonner toute seule, et nous prîmes cette mesure pour la rassurer.

Nous nous rendîmes à la gare dans deux taxis et, dès que nous eûmes tourné au coin de la rue, elle s'écria :

« Oh ! J'ai oublié quelque chose d'important ! Mais tant pis, ça ne fait rien. »

Nous demandâmes de quoi il s'agissait : c'était son sac.

« Mais c'est impossible ! protesta Kuwako, qui était assise à l'avant. De crainte qu'elle ne l'oublie, je le lui ai donné quand nous étions dans le vestibule. »

Nous avons fait arrêter la voiture, nous nous sommes levés et nous avons cherché sous les sièges sans trouver nulle part le sac. Je fis revenir le taxi à la maison. Le sac était posé sous un mouchoir plié en quatre sur une azalée dans un coin de l'entrée. Nous ne comprenions pas comment elle l'avait placé dans un pareil endroit.

Mon frère, sa femme et ses deux enfants nous attendaient à la gare. Mon autre sœur, l'aînée de Kuwako, et son mari s'étaient excusés de ne pas pouvoir être du voyage, mais leurs deux enfants, une lycéenne et un garçon qui au sortir de l'université venait de trouver un emploi d'agent de change, devaient nous rejoindre. Ma mère s'inquiétait de ne pas apercevoir ses deux petits-enfants. Tandis que je donnais les bagages au porteur, elle les cherchait du regard dans la foule et, quand elle croyait les reconnaître, trottinait vers eux. J'ordonnai à mes deux fils de la surveiller. Comme elle ne les voyait plus, elle pâlit.

« Le train ne part pas avant une demi-heure, dit mon fils cadet. Rien ne presse.

— Ah ! Mon sac ! » s'écria-t-elle de manière inopinée.

Comme tout le monde se tournait vers elle, elle regarda tout autour d'elle.

« C'est moi qui l'ai, dit ma fille cadette.

— Écoute, si c'est toi qui l'as, il faut le dire, autrement tout le monde s'inquiète ! fit remarquer mon fils aîné.

— Ça va, je vais le tenir moi-même ! intervint ma mère.

— Non, pas Grand-mère ! » protesta quelqu'un.

C'est alors qu'apparurent mes deux neveux et notre groupe gagna le quai. Parfois, ma mère s'arrêtait soudain et .prétendant qu'il manquait quelqu'un créait une grande agitation. Chaque fois, mes deux fils la grondaient. A chaque réprimande, elle rougissait et laissait échapper un petit rire joyeux.

Une fois que nous fûmes montés dans le train à destination d'Itō et qu'il se fut mis en marche, après avoir ennuyé tout le monde jusque-là, elle se calma. Elle s'assit sagement à sa place et, posant les mains sur ses genoux, elle tourna les yeux vers la fenêtre. Comme s'il s'agissait du savoir-vivre du parfait voyageur, elle contemplait d'un air modeste le paysage qui défilait. Elle était complètement seule maintenant. On l'aurait prise facilement pour une vieille solitaire, sans compagnon de voyage.

A l'hôtel Kawana, nous nous installâmes dans plusieurs chambres qui donnaient sur la mer et d'où nous voyions une vaste pelouse. Nous étions précisément tombés le jour du plein épanouissement des fleurs de cerisier et, étant donné le but de notre voyage, c'était parfait. Par la fenêtre de la chambre, on apercevait des masses de fleurs qui semblaient immobiles et fermes, telles des taches impressionnistes. On ne distinguait pas la surface de la mer, mais à cause de la force du vent, on entendait le bruit des vagues.

En attendant le dîner, nous nous promenâmes, en plusieurs groupes, dans le jardin. Depuis notre arrivée, ma mère laissait échapper des remarques amères :

« Ce n'est pas Izu, ici, ce n'est pas comme ça ! »

Et elle avait l'impression de penser sans la moindre réserve :

« Vous avez beau vous exclamer : " C'est magnifique ! ", vous ne me convaincrez pas ! »

Son expression trahissait un léger sentiment de révolte qui lui donnait plus l'air d'une fillette de dix ans que d'une vieille femme de quatre-vingts ans.

Vers sept heures, nous fîmes réunir plusieurs tables dans un coin de la salle à manger et, adultes et enfants, nous nous y assîmes sans ordre. Mais ma mère prit place au centre. Elle était fatiguée et se contenta d'un peu de soupe, sans presque toucher au reste ; elle parlait peu et ne cessait de sourire. Elle semblait ravie que tant de monde fût rassemblé autour d'elle, différant en cela de mon père.

Après le repas, nous allâmes tous nous reposer un moment. Comme je partageais la chambre de mon frère, je pus bavarder avec lui pour la première fois depuis longtemps. Pendant la journée, nous étions sans cesse dérangés, ce qui n'était plus le cas. Les deux pièces voisines étaient calmes.

Mon frère remarqua que tout le monde attendait la nuit pour contempler les fleurs. A ces mots, je le rejoignis près de la fenêtre. J'apercevais les femmes et les enfants, par groupe de deux ou trois, qui traversaient la pelouse à la lueur des lampadaires. Les cerisiers les plus proches, éclairés par les lumières de l'hôtel, ressortaient comme sur une toile de fond, mais les plus éloignés étaient enveloppés de ténèbres. On disait au cours du repas que ces arbres plongés dans l'obscurité étaient les plus beaux. Les femmes et les enfants semblaient s'en approcher.

Un peu plus tard, mon frère descendit à la réception. Comme sa femme devait nous quitter le lendemain et revenir à Tōkyō, je pensai qu'il allait s'occuper du billet de retour. Alors que je me trouvais seul, j'entendis, dans la pièce voisine, une espèce de petit bruit. Personne ne devait s'y trouver, mais je me dis qu'après tout, ma mère y était peut-être restée. Je me souvins que tout à l'heure je n'avais pas distingué dans le groupe sa silhouette. Je sortis aussitôt dans le couloir et mis la main sur la poignée de la porte de sa chambre, qui s'ouvrit immédiatement. En entrant, je la vis assise sur le lit le plus éloigné de la fenêtre. Exactement dans la même posture que dans le train, elle avait replié ses genoux sur lesquels elle avait posé sagement ses deux mains.

« Shûichi est venu me chercher, mais j'ai préféré me reposer », expliqua-t-elle, comme pour se justifier.

Shûichi est mon fils aîné. Je m'assis près de la fenêtre, pensant lui tenir compagnie, mais j'aperçus le sac posé sur la table. Je le pris et j'en examinai l'intérieur. Il contenait un carnet et rien d'autre.

« Mais tu n'as rien pris ! dis-je.

— C'est faux, ou s'il n'y a rien, c'est que Kuwako aura tout mis dans son sac. »

Peut-être inquiétée à cette idée, elle fit mine de se laisser glisser pour descendre du lit, mais je l'en empêchai et elle resta docilement assise.

J'ouvris le carnet que j'avais pris dans le sac. C'était l'agenda funéraire. De la main de mon père, avait été notée sur une colonne une liste de noms auxquels correspondait une série de sommes d'argent. Sur la première page était inscrite la date de 1930. J'avais l'impression d'avoir découvert un objet inattendu dans un endroit inattendu et je dévisageai ma mère malgré moi.

« Pourquoi as-tu emporté cet agenda funéraire ? lui demandai-je.

— Ah ! Il y a cela ? Je l'aurai emporté par inadvertance. »

Ma mère rougit, comme un enfant espiègle pris sur le fait, et voulut descendre du lit à nouveau pour récupérer la chose. Mais je lui apportai moi-même le sac et regagnai ma place près de la fenêtre.

« C'est tout de même drôle. Je ne sais pas. C'est peut-être Kuwako qui l'a mis. »

Elle inclina la tête de côté d'un air dubitatif. Elle semblait rechercher une justification plus solide. Il y avait peu de chance que Kuwako l'eût mis : ma mère l'avait donc emporté sûrement elle-même et il était peu probable qu'elle ne s'en fût pas rendu compte.

Mon frère entra.

« J'ai l'impression qu'il y a beaucoup de clients, dit-il en s'asseyant face à moi, mais les chambres sont vides. Tout le monde a dû sortir.

— Au fait, qu'est-ce qu'on a décidé pour demain ? demanda-t-elle en mettant son sac derrière elle, comme pour le cacher. On va quelque part, non ? »

Elle paraissait vouloir éviter à tout prix qu'on remît sur le tapis l'incident de l'agenda funéraire, en présence de mon frère. Pour la énième fois, par acquit de conscience, je répétai à ma mère nos projets, après quoi nous nous recueillerions sur la tombe de mon père, mais je craignais qu'il ne fût trop fatigant pour elle de monter jusqu'au cimetière.

« Vous me dispenserez de cette peine, murmura-t-elle en inclinant la tête et en arrangeant les plis du drap, les yeux baissés sur ses mains. Cette côte est très glissante. Vous allez me délivrer de ce devoir auprès de Grand-père. J'ai déjà tant fait pour lui. Cela suffit comme ça, non ? »

Chose rare chez elle, elle attribuait à chaque parole un sens profond et authentique. J'observai ma mère comme un phénomène curieux. Ce n'était plus une petite fille de dix ans, mais une adulte dotée de discernement. Elle ne parlait pas souvent de mon père. Elle releva la tête et sans tourner son regard vers nous, elle fixa un point dans l'espace, demeurant pensive.

« Un jour qu'il a neigé, je suis allée le chercher. J'y suis allée avec la voisine. La route était verglacée. »

De toute évidence, elle était repartie dans ses réminiscences. Elle s'imaginait s'adresser à mon frère et à moi, mais c'était le ton d'un soliloque. Elle avait, par le passé, connu les pays de neige. C'est à Asahikawa qu'elle m'a mis au monde, dans cette ville de garnison, et le dernier poste où mon père reçut sa consigne de retraite était Hirosaki. Elle avait également passé deux années à Kanazawa. Si elle était allée chercher mon père, cela ne pouvait être que dans une de ces villes du Nord, mais comment savoir laquelle ?

« Il paraît que vos enfants emportent le casse-croûte pour midi. Eh bien, moi aussi, je lui préparais le casse-croûte tous les jours. Et j'avais du mal à varier... »

Mon frère et moi écoutions en silence, comme contraints à nous taire. Elle poursuivit :

« Je lui cirais aussi les chaussures. Et c'est long à cirer des bottes de militaire ! »

Je me demandais si sa tête n'était pas en partie traversée par les rayons X. Son cerveau était transpercé par une flèche pointue. La mémoire de cette seule zone était ravivée et ma mère, la recueillant, la traduisait oralement. D'ordinaire, elle ne se rappelait rien de manière consciente. Ce dont elle se souvenait, c'était ce qui lui revenait à l'esprit naturellement. Ce n'était pas le cas, ici. Elle exhibait elle-même des fragments de la souffrance que lui avait imposée mon père. Sa façon de s'exprimer était empreinte de rancœur.

Quand elle se tut, mon frère lui dit :

« Grand-mère, à Hirosaki, nous sommes allés ensemble voir les cerisiers en fleur au château, n'est-ce pas ? »

Mon frère avait remarqué que, de la vie qu'elle avait menée avec notre père, elle n'avait retenu que des souvenirs pénibles et il semblait désirer lui rappeler des instants plus souriants et clairs. L'air de penser : « On ne m'y prendra plus ! », elle fit :

« Ah oui ? Vraiment ? »

Et elle tourna la tête vers nous. Son visage avait perdu cette expression concentrée qu'elle avait eue en travaillant sa mémoire.

« Il y avait eu une garden-party dans le parc de l'hôpital militaire de Kanazawa, n'est-ce pas ? » insista mon frère.

Mais elle resta impassible.

« Tu sais bien, toutes les familles des médecins militaires s'étaient rassemblées et l'atmosphère était joyeuse.

— Ah bon ?

— Tu avais gagné le deuxième prix à la loterie !

— Non, je n'ai aucun souvenir », répondit-elle, en agitant la tête, avec assurance.

A n'en pas douter, elle l'avait oublié.

« Mais tu t'en souviens bien ? » demandait-il, de plus en plus abattu.

Il cherchait, au hasard de ses souvenirs, des

jours lointains où ma mère avait dû être heureuse et les évoquait devant elle. Mais elle ne se rappelait presque rien. Parfois cela lui revenait, mais elle semblait n'avoir conservé qu'un écran de mémoire, très flou.

Ostensiblement agacée de devoir répondre aux questions de mon frère et un peu honteuse d'en être pratiquement incapable, elle déclara :

« Bon, le moment est venu pour moi de me coucher. »

Et elle s'allongea sur le lit.

Nous en profitâmes pour sortir de la chambre. Mon frère me proposa de sortir avec lui et j'acceptai. Dans le vaste jardin de l'hôtel, nous aperçûmes de nombreuses silhouettes, de clients probablement, dispersées par petits groupes. Il y avait beaucoup de jeunes couples. Notre famille devait se trouver quelque part parmi eux, mais il était difficile de la distinguer. La pelouse était éclairée et les figures humaines semblaient réduites.

L'air du soir n'était ni chaud ni froid et la brise qui me caressait le visage avait un parfum de mer. Mon frère et moi entrâmes dans la lumière et traversâmes la pelouse jusqu'à une rangée de cerisiers, à droite. Tout en marchant, mon frère me disait avec excitation que notre mère avait oublié tous les moments heureux de la vie qu'elle avait menée avec notre père et qu'elle ne se rappelait que les plus tristes.

« Les vieillards sont tous plus ou moins ainsi, n'est-ce pas ? »

Depuis que nous étions sortis de la chambre, il semblait n'avoir que cette idée en tête.

« Quand on voit les piliers d'un vieux temple, la

partie la plus tendre du bois est rongée par le temps, mais la partie la plus dure résiste seule ; c'est un peu la même chose. Les instants heureux ont fini par disparaître et ne sont demeurés que les plus déplaisants. »

Les seuls souvenirs que ma mère eût arrachés avec un discernement rare à l'abîme de sa mémoire, c'était qu'elle était allée chercher mon père dans la neige, qu'elle lui avait préparé des casse-croûte et qu'elle lui avait ciré les chaussures. Elle avait fait étalage de ces images pénibles pour se dérober à l'obligation de nous accompagner sur la tombe.

Cependant, j'avais une opinion un peu différente. Comme mon frère, depuis que j'avais quitté la chambre, je n'avais cessé de penser à ma mère, telle qu'elle m'était apparue ce soir-là.

Elle avait oublié qu'elle avait aimé mon père et qu'il l'avait aimée. Elle avait oublié qu'il s'était parfois montré dur avec elle et qu'elle avait eu des moments de froideur à son égard. En ce sens, il y avait eu entre eux deux un rapport de compensation tout à fait équilibré. Tout cela méritait-il vraiment le nom de souffrance ? Dans sa jeunesse, elle n'en souffrait certainement pas. Non, mais, étant donné son âge, ces choses avaient fini, comme une poussière accumulée au fil du temps, par peser sur ses épaules. N'était-ce pas cela que sentait ma mère désormais, la pesanteur de toute cette poussière ?

Je remis à plus tard le développement de ces réflexions. Nous étions arrivés sans nous en apercevoir au pied des cerisiers. La masse d'innombrables petites fleurs écloses nous recouvrait telle une ombrelle sur nos têtes. L'éclairage de l'hôtel ne parvenait pas jusqu'ici. Une lanterne était cependant installée à côté et, dans la pénombre vague qui enveloppait les fleurs, elles semblaient empourprées. C'est alors que poursuivant le cours de mes pensées, j'eus une autre idée. Cette poussière ne s'accumulait peut-être que sur les épaules des femmes et, sans rapport avec l'amour ou la haine, c'était peut-être le legs que les maris abandonnaient à leurs épouses. Cette rancœur qui n'en est pas une pèse sur les épaules des femmes. Le mari serait ainsi le fautif et la femme la victime.

Pressé par mon frère, je regagnai l'hôtel avec lui. Au loin, toutes les fenêtres brillaient de mille feux. C'est dans une de ces chambres claires que ma mère devait se trouver. Elle s'était allongée quand nous étions sortis, mais elle avait dû, selon moi, se rasseoir sur le lit. De toute façon, nous ne saisirions jamais la structure de sa pensée, mais, quoique mon frère n'y eût pas fait allusion, c'était pour nous, ses enfants, une évidence qu'elle s'était à nouveau assise sur le lit.

Clair de lune

1

A quatre-vingt-cinq ans, ma mère devrait accuser son âge plus qu'à quatre-vingts ans, il n'en est rien pourtant. Certes, elle peut donner l'impression de s'être tassée, mais sa vue n'a pas faibli, ni son ouïe, et elle n'a rien perdu de sa force physique. En revanche, elle a la peau plus lisse sur le visage et même rajeunie, son sourire n'est nullement atteint par la vieillesse et il possède une gaieté sans malice. Quand on la voit trottiner chez des voisins plusieurs fois par jour, comme à son habitude, on a le sentiment qu'elle a oublié le compte des années. Elle n'a jamais mal au dos et n'est grippée que rarement. S'il faut chercher une altération durant ces cinq ans, la seule chose qu'on puisse remarquer, c'est qu'elle a dû se faire mettre de fausses incisives supérieures. Selon toute probabilité, elle ne connaîtra jamais l'humiliation de devoir porter un dentier complet.

Elle continue à pouvoir lire les petits caractères du journal, sans lunettes, à haute voix, comme pour monologuer, prouesse dont ses enfants — et moi en particulier — sont incapables. Chaque fois que nous parlons d'elle, il y a toujours quelqu'un pour soupirer :

« Grand-mère est en grande forme ! »

« Est-ce que Grand-mère a eu des courbatures, à quarante ou cinquante ans ? » ne cesse de demander ma sœur Kuwako, qui en souffre un peu prématurément.

Personne ne peut lui répondre. Si l'un de nous affirme :

« Vers la cinquantaine, Grand-mère a bien dû en passer par-là, malgré elle », un autre enchaîne, d'un ton dépité :

« Espérons qu'elle a connu ça, comme tout le monde. »

En fait, à l'époque où ma mère aurait pu souffrir de ce genre de douleurs à l'approche de la vieillesse, c'est-à-dire dans les années trente, elle s'était déjà retirée avec mon père dans le village d'Izu et nous étions tous loin d'eux, en ville : le seul qui aurait pu clairement témoigner, c'était donc notre père, mais il était déjà mort. Nous nous sommes aperçus que nous ignorions tous cette période où elle abordait la vieillesse, alors que nous-mêmes y sommes déjà entrés ou en prenons le chemin, et nous avons conclu que finalement les enfants ne possèdent de leurs parents qu'une connaissance limitée.

Ma mère a toujours été de petite taille mais, à partir de la mort de mon père, son corps s'est desséché et tassé et depuis quelque temps, ses épaules et son buste paraissent si étroits qu'on se demande presque si c'est un corps humain et s'il ne lui reste pas seulement le poids de ses os. Quand on la voit s'agiter, elle évoque la légèreté d'une feuille morte et ce que, faute de mieux, je nommerai fragilité : cela me suggère un point physique de non-retour.

Il y a deux ans, j'ai rêvé d'elle. Je ne reconnaissais pas le lieu, mais c'était un endroit qui ressemblait à la rue qui passe devant la maison de mes parents : elle agitait les mains en criant : « Au secours ! Vite ! », en luttant contre le vent. Depuis lors, j'ai remarqué qu'en effet ses gestes étaient si flottants, si fragiles qu'elle semblait emportée par le vent. Par mégarde, je racontai la chose à ma sœur aînée, Shigako, qui rétorqua aussitôt :

« Comme je serais heureuse, si Grand-mère n'était que " fragilité " ! Disons une semaine, non, trois jours, cela suffit, reste trois jours avec Grand-mère. Tu ne prétendras plus sentir chez elle de la " fragilité ". Tu te tortureras l'esprit ! Et dans ta tristesse, dans ton égarement, tu auras même envie de mourir avec elle ! »

Je ne pouvais qu'acquiescer et je regrettai d'avoir donné de façon irresponsable le point de vue d'un tiers. Il ne me restait plus qu'à changer de sujet, si je voulais éviter de heurter davantage la sensibilité de ma sœur. Shigako et son mari, qui travaille aujourd'hui à la mairie de notre village d'Izu, avaient recueilli ma mère. Il est naturel qu'elle ait pris soin d'elle, mais on conçoit aussi qu'elle ait eu l'impression d'avoir tiré le mauvais numéro en étant contrainte de la soutenir seule dans ses vieux jours.

Elle ne faisait pourtant que reproduire la situation de mon autre sœur, Kuwako, à quelques années d'intervalle. Le grand changement matériel dans la vie de ma mère avait consisté dans son déménagement de chez Kuwako auprès de Shigako, à Izu. Elle changeait de lieu, elle passait d'une fille à l'autre, de Tōkyō à Izu.

Il aurait été plus normal que mon frère ou moi la recueillions chez nous, mais elle se méfiait de nous. Elle semblait envisager à la rigueur l'idée de loger chez ses filles, mais elle n'acceptait pas celle de se retrouver chez ses fils, qui vivaient avec des étrangères pour elle.

« Jusqu'à maintenant, déclarait-elle, je n'ai jamais eu à me soucier des étrangers dans ma vie et je ne veux pas, à mon âge, m'installer chez mon fils en ressentant une gêne constante. »

Ces propos la rendaient aux yeux de tous obstinée, malveillante.

Elle avait finalement vécu quatre années chez Kuwako. C'est au bout de deux ou trois ans de son séjour à Tōkyō, alors qu'elle avait atteint soixante-dix-huit ou soixante-dix-neuf ans, que sa vieillesse fut sensible. Les premiers symptômes de sénilité étaient présents avant la mort de mon père, ou du moins j'interprète ainsi certains détails, mais, comme son caractère gagnait en vigueur, personne ne remarquait, à l'époque, aucune déficience mentale.

Parmi les fixations de ma mère, il y en avait qui, de toute évidence, s'étaient gravées en elle récemment, obéissant à une certaine stimulation, et d'autres, plus anciennes, enregistrées dans un passé lointain. Un nombre limité de moments particuliers (nous ne comprenions pas pourquoi ceux-là étaient privilégiés) était inscrit de façon indélébile et ils refaisaient surface en des occasions qui avaient leur logique, comme si leur heure était venue. Alors elle les racontait, le regard perdu, paraissant les trier un à un dans le flou de sa mémoire. Elle faisait preuve d'une authentique sincérité. Elle devait être convaincue de se les rappeler pour la première fois. Ceux qui avaient déjà entendu à plusieurs reprises les mêmes phrases avaient fini par s'en lasser, mais celui qui en prenait connaissance ne leur trouvait rien d'étrange. Seulement, quelques minutes plus tard, elle recommençait et l'on s'apercevait alors de l'anomalie de la chose.

Au cours d'une brève visite, elle n'avait jamais le temps de révéler à son hôte ses déficiences. Elle accomplissait les rites de politesse sans faille et ne prononçait aucun mot déplacé : sa sociabilité constante depuis sa jeunesse portait ses fruits et ma mère acquiesçait d'un air touchant aux propos de son interlocuteur et lui répondait sur un ton qui inspirait de la sympathie. Mais, si l'entretien se prolongeait, n'importe qui pouvait prendre conscience de sa sénilité. Ses propres remarques, comme celles du visiteur, duraient en elle le temps d'un éclair et elle les oubliait à mesure.

Il était donc naturel que Kuwako qui vivait avec elle dans de telles conditions eût fini par craquer. Chaque fois qu'elle venait chez moi, elle disait :

« Si elle ne rabâchait pas, ce serait une grand-mère idéale ! Pour lui répondre, on ne peut tout de même pas répéter toujours les mêmes réponses et si je ne réponds pas, elle se fâche. Elle croit qu'on se moque d'elle. Alors, là, elle est vraiment casse-pieds. C'est comme si des pièces étaient détraquées et que d'autres fonctionnent en même temps. Elle sort des choses vraiment incroyables : on se demande où elle va chercher ça. »

Kuwako se plaignit de ne pas pouvoir, comme elle le désirait, passer au moins une journée sans avoir à s'occuper de notre mère. Cette requête me parut tout à fait justifiée.

J'invitai donc ma mère chez moi de temps à autre. Comme elle renâclait parce qu'il ne lui semblait y avoir aucune raison valable, c'est mon frère qui se chargeait de la convaincre. Une fois qu'elle s'était faite à cette idée, elle venait de bonne grâce, en voiture, avec des bagages pour une dizaine de jours, mais elle ne tardait pas à exprimer le désir de rentrer. Elle ne se sentait pas à l'aise dans une chambre qui ne lui était pas familière, elle s'inquiétait de Kuwako et, après une première nuit, son impatience se manifestait. Cependant, se contraignant à une certaine réserve, elle acceptait de passer deux ou trois jours : de toute évidence, son cœur était déjà retourné chez Kuwako et c'était déchirant à voir. Pendant son séjour, elle sortait dans le jardin pour ramasser des herbes, elle faisait le ménage et, parfois même, elle servait le thé aux invités. Elle était d'un naturel plein de vitalité et ne pouvait rester en place. Où qu'elle fût dans la maison, elle se précipitait pour répondre à la sonnette de la porte ou à la sonnerie du téléphone : il fallait l'en empêcher. Elle décrochait alors, répondait d'une voix aimable mais, une fois qu'elle avait posé le combiné, elle oubliait le message et elle prenait une mine vexée. Le matin, où elle avait en général l'esprit reposé, elle n'avait pas de mal à se rappeler ce qu'avaient dit les correspondants, mais l'après-midi, si elle décrochait, c'était désastreux.

L'été de ses quatre-vingts ans, elle renonça à la capitale pour regagner le village. On commençait à parler dans les journaux de la pollution de Tōkyō et, comme le quartier du Kuwako était plutôt agité, il était devenu évident que cette existence ne convenait pas à son âge. C'est à cette époque que le mari de Shigako obtint un poste au village d'Izu : ils s'installèrent donc tous les deux dans la maison de notre famille et très naturellement nous décidâmes que ma mère les suivrait. Kuwako était épuisée d'avoir veillé sur elle pendant toutes ces dernières années, alors que Shigako désirait prendre soin d'elle pour le soir de sa vie. Il ne faisait aucun doute que le rythme du village était plus indiqué, car là-bas elle était en pays de connaissance.

Le jour du départ, il pleuvait des cordes. Ma mère vint la veille chez moi pour y passer la nuit. Son entourage la pressait de différer son voyage, mais elle ne voulut rien savoir. En revanche, elle ne cessait de s'inquiéter pour la maison où elle avait logé et, comme jusqu'au dernier moment elle demandait si les portes avaient bien été fermées, Kuwako la semonça. Elle se mit à bouder comme une petite fille. J'avais l'impression que la joie de retrouver bientôt son village la retenait de se fâcher comme d'habitude.

2

A la fin de son séjour à Tōkyō, ma mère était fréquemment grippée, elle avait des vertiges et il lui arrivait de devoir garder le lit un ou deux jours, ce qui nous rappelait son âge, mais dès son retour au village il en fut tout autrement. Elle avait pris des couleurs qui la rendaient méconnaissable et elle s'agitait en tous sens, tous les jours : elle ne tenait pas une seconde en place. Elle voulait participer à toutes les fêtes du voisinage, ce qui ennuyait beaucoup ma sœur. Elle n'était pas sensible à l'argument qui voulait qu'une vieille femme de quatre-vingts ans ne dût pas se mêler à ces réunions. Si jamais il fallait faire circuler un avis dans le quartier, elle se proposait pour l'apporter aux voisins. Elle ne marchait jamais lentement. C'était certainement parce qu'elle se sentait chargée d'une mission importante, mais aussi parce qu'elle était convaincue qu'il était bon pour sa santé de trottiner ainsi à vive allure. Si ma mère interceptait la circulaire et l'apportait aux voisins, ma sœur était contrainte d'aller rechercher le papier pour en prendre connaissance. Ce n'en était que plus contrariant.

Ma mère avait retrouvé une excellente santé et ignorait la fatigue. C'était du moins ce qui nous semblait. Quand on se réunissait dans le salon pour prendre le thé, elle se tapissait dans un coin, les yeux cependant tournés vers le jardin. Elle se levait en disant qu'un chien avait sauté par-dessus la haie ou que des feuilles mortes étaient tombées. Il lui était impossible de rester tranquille. Plusieurs fois par jour, elle sortait, armée d'un râteau et d'une pelle : elle ne supportait pas de voir une seule feuille morte. On avait beau essayer de la retenir par ce froid d'hiver, elle déjouait les surveillances car on était incapable d'avoir continuellement un œil sur elle. Elle se tenait sur la mousse hérissée d'aiguilles de givre et elle semblait absolument gelée mais, probablement à cause de l'accoutumance, elle ne s'enrhumait pas.

Durant la première année qui suivit son retour, sa mémoire semblait lui revenir ; toutefois la deuxième année elle présenta les mêmes défaillances qu'à Tōkyō et par la suite cela empira. Elle s'était remise à rabâcher, encore plus souvent qu'auparavant. Quand je lui rendais visite, elle commençait toujours par me poser la même question : le train était-il bondé ? Elle ne cessait de la répéter, on ne pouvait l'en distraire, ce qui était à la fois exaspérant et déchirant. C'était là sa première préoccupation et le disque rayé de sa mémoire la contraignait à y revenir sans cesse. Et, quand je m'apprêtais à repartir, il en était de même. On évitait dans la famille d'évoquer mon départ. Elle devait donc finir par penser que tout se produisait avec une extrême soudaineté. Dans la plupart des cas, mon arrivée et mon départ lui apparaissaient comme des événements imprévisibles.

Shigako, en une telle compagnie, formulait les mêmes plaintes que Kuwako autrefois, quand ses frères ou sa sœur venaient la voir. Au bout de deux ans, elle semblait à tout le monde fatiguée et l'on remarquait sa maigreur. On pouvait attribuer cette lassitude à son retour d'âge, mais de toute évidence les soins qu'elle prodiguait à notre mère y étaient pour beaucoup. Ma mère restait toute la journée avec Shigako. Elle la suivait dans la cuisine, elle était présente quand sa fille recevait une visite. On aurait dit un enfant collé aux jupes de sa mère. Tant que ma mère restait à ses côtés, il n'était pas question pour Shigako de calmer sa nervosité. Cependant, si jamais elle ne la voyait pas près d'elle, elle partait à sa recherche avec inquiétude. Elle fouillait aussitôt la maison et, si elle ne la trouvait pas, elle se précipitait vers la porte de service ou le vestibule. Comme la maison était située à la campagne, le jardin avait plusieurs milliers de mètres carrés : Shigako se plaignait, du reste, de son étendue excessive.

Pour le ménage, Shigako était secondée par Sadayo, une bonne, originaire du village, qui s'occupait déjà de ma mère à Tōkyō, et par une tante, liée à la famille de mon père et veuve depuis peu : on ne pouvait donc pas dire qu'elle manquait d'aide ; cependant, comme la maison tout entière était d'une stabilité branlante, on n'y trouvait guère le repos.

« Grand-mère, j'ai compris, vous l'avez déjà dit ! »

Passe encore pour Shigako ; seulement, si la réflexion venait de la bonne ou de la tante, ma mère se fâchait. Quoique ce fût une colère passagère, sur le moment elle était vraiment irritée. Elle ne manifestait pas trop de rancœur à l'égard de ses propres enfants, mais elle ne pardonnait pas à un étranger. Avec une animosité extrême, elle lançait sans discrimination à son interlocuteur : « Vous êtes atroce ! », ce qui créait une réelle angoisse autour d'elle. C'était bien autre chose que de la sénilité qui s'exprimait là : elle apparaissait comme une femme gâtée depuis l'enfance. Son tempérament s'affirmait là avec quelques altérations. Quand elle ne se mettait pas en colère, quand elle ne s'excitait pas, elle avait une immense douceur et si l'on riait de ses radotages, elle se joignait aux rires sans s'apercevoir que l'on se moquait d'elle : son expression était alors extraordinairement juvénile et malicieuse. Chaque fois que je retournais au village, j'avais devant moi ces deux visages de ma mère.

Durant cette période, elle avait effacé ses soixante-dix ans, ses soixante ans, ses cinquante ans, ses quarante ans. Cela se manifestait sous une forme beaucoup plus nette qu'à Tōkyō et le passé se perdait de plus en plus en elle. Elle ne faisait plus aucun effort pour se rappeler sa vieillesse ou sa maturité ni pour en parler. Nous faisions mille vaines tentatives pour stimuler sa mémoire éteinte.

« Oui, oui, les choses ont dû se passer ainsi... »

Elle avait beau laisser croire que la mémoire lui revenait, elle n'avait pas le moindre souvenir. Si quelqu'un faisait remarquer :

« C'est ennuyeux, Grand-mère ! », elle répondait en riant parfois, à la surprise générale : « En effet, c'est ennuyeux de perdre la tête ! »

Quoiqu'elle le reconnût, cela n'impliquait pas qu'elle en fût vraiment consciente. Excédée par les questions qui lui étaient posées, elle paraissait répliquer : « Vous voyez, c'est très simple, je peux vous contenter... » Un mouvement de révolte était perceptible dans ses réponses apparemment franches.

Ma mère, qui avait suivi mon père à Kanazawa, Hirosaki, Taipei et y avait passé plusieurs années, n'en avait gardé aucun souvenir. Comme elle ne se rappelait plus rien, on pouvait dire que son passé avait été « raturé » sur toute cette époque. Il arrivait cependant, lorsque nous évoquions tel événement qui lui avait maintenant complètement échappé et qui s'était produit durant cette période, qu'elle déclarât soudain :

« Eh oui, ça s'est passé comme ça ? Mais dites-moi que non, c'était moi qui me trouvais là ? Cela m'étonnerait... Remarquez, quand est-ce que ça s'est passé ? »

Son visage exprimait alors un sentiment de surprise candide. Comme reculant au bord d'un abîme, elle se renfermait soudain en elle-même, la tête légèrement inclinée et l'air pensif. Mais cela ne durait pas longtemps : elle se ressaisissait aussitôt. De deux choses l'une : cela l'agaçait de chercher dans ses souvenirs, ou, découragée, elle déclarait forfait.

De son passé, elle avait donc perdu la période qui se situait entre soixante-dix et quarante ans, mais ce n'était pas une région complètement ténébreuse, bien plutôt une zone enveloppée de brumes. A travers l'épaisseur plus ou moins dense de ce brouillard, on entrevoyait une substance presque insaisissable et cette nuance faisait toute la différence entre la vieille femme qui vivait à Tōkyō et celle qui se trouvait au village. Cherchant à ensevelir le passé de ma mère, les nuées ne cessaient de s'étendre et de s'épaissir.

Mon frère, mes sœurs et moi interprétions cet effacement de son passé comme un retour progressif vers son enfance. Elle se conformait à l'idée répandue que l'homme retrouve son enfance dans sa vieillesse. Elle avait commencé à soixante-huit ans cette régression où disparaissaient l'une après l'autre à rebours les étapes de sa vie. Chaque année la rajeunissait devant nous.

Mon frère avait évoqué une vieille femme d'un petit village, qui deux ou trois ans avant sa mort s'était mise à jouer à la balle et à jongler. Il ajouta que peut-être bientôt notre mère commencerait à jouer aux billes. Quant à Kuwako, elle nous raconta l'histoire qu'elle tenait d'une cliente, à propos d'une femme de plus de quatre-vingts ans qui ne pouvait attendre ses repas sans pleurnicher d'impatience, le visage enfoui dans ses mains. Les hommes n'étaient pas en reste dans ce genre d'anecdotes. Un ami à moi, qui travaillait pour une revue, m'avait appris que son père était retombé en enfance l'année de sa mort, à quatre-vingt-dix ans, et, après avoir fait un ballot de ses vêtements, avait quitté la maison. Comme les siens, qui s'en étaient aperçus, lui demandaient où il allait, il répondit qu'il rentrait chez lui. Adopté par la famille de sa femme, il voulait, en effet, retourner dans sa maison natale, située dans le village voisin. Cette histoire produisit un effet glacial.

« Tout le monde retombe si brusquement en

enfance..., dit Shigako. A Grand-mère, parfois on donnerait dix ans, parfois trente. Quand elle parle de ce fameux Shunma, elle a dix ans, mais en règle générale, elle en a trente. Elle parle souvent des événements qui se sont produits à cette époque.

— C'était en effet ainsi à Tōkyō, reconnut Kuwako. C'est de cette époque qu'elle parlait le plus. Elle s'est fixée à cet âge-là. Ça va être quelque chose, jusqu'à ce qu'elle redevienne bébé... »

Puis elles ajoutèrent, non sans désinvolture, qu'elle pourrait redescendre jusqu'à vingt ans et qu'elle s'y arrêterait net, ou bien qu'il vaudrait mieux qu'elle eût quinze ans maintenant.

C'est alors qu'intervint Akio, le mari de Shigako. C'était bien le point de vue d'un homme qui vivait tous les jours sous le même toit que sa belle-mère.

« Je ne sais pas à quel âge Grand-mère s'est arrêtée, mais je crois qu'elle évolue en dehors des âges. Il est certain qu'elle a changé depuis un an. Elle est devenue incroyablement indifférente au monde extérieur. C'est vrai qu'elle ne reconnaît plus personne, mais en outre elle ne manifeste plus aucun intérêt à l'égard des visiteurs. Autrefois, il n'en était pas de même. Si on lui présente une jeune fille, quelle qu'elle soit, elle lui demande si elle est mariée et si elle a des enfants. S'il s'agit d'une femme, elle ne s'intéresse qu'au mariage et à la maternité. Ou, autrement, il y a ce fameux cadeau funéraire. Là, c'est la mort. Si elle apprend que quelqu'un est mort, elle va immédiatement chercher l'agenda funéraire. Face à la mort, elle ne se soucie même pas de feindre la tristesse : elle s'en tient aux obligations. Il est possible que l'échange de cadeaux funéraires constitue le rapport le plus fondamental de dette entre les hommes. Toute sinistre qu'elle est, cette idée est assez admirable. En effet, un homme naît, se marie, fait des enfants et meurt : la vie ne se réduit-elle pas à cet enchaînement ? Cela n'a rien à voir avec sa régression à l'âge de trente ans ni avec son retour à l'enfance. Alors, qu'est-ce que c'est, tout cela ? »

Nous sommes restés sans réponse. On pouvait reprocher à des enfants leur excessive indulgence à l'égard de leur mère, mais Akio proposait une interprétation exacte des gestes d'une femme sénile. Son point de vue m'amena à réexaminer la sénilité de ma mère sous un autre angle. Il s'était demandé : « Alors, qu'est-ce que c'est, tout cela ? » C'était la question qu'effectivement je me posais. J'avais comparé l'esprit de ma mère à un disque rayé, mais je le pensais maintenant muni d'un petit ventilateur qui écarterait de lui les éléments inutiles de sa vie. Son visage prit un tout autre aspect.

Moi, je parle autant que je veux de ce à quoi je tiens. Je répète autant que ça me chante, et alors ? Vous, vous dites que j'oublie toujours tout mais enfin on finit tout le temps par oublier ce qui nous ennuie. Qu'y a-t-il qui mérite qu'on s'en souvienne ? Je suis allée à Taipei, à Kanazawa, à Hirosaki, eh bien, ce n'était pas très drôle. J'ai tout oublié. J'ai aussi oublié votre père. C'est vrai, entre un mari et une femme, il y a toujours des moments de bonheur. Tristesse ou joie, ce n'est rien de plus que l'écume des jours. Il n'y a rien dont on déplore l'oubli. N'allez pas me raconter que j'oublie tout, il n'y a pas de quoi fouetter un chat. Je ne sais pas ce qu'il en est pour un homme mais, pour une femme, le mariage et la maternité, c'est ce qui compte le plus. C'est pour cela que j'interroge les femmes simplement là-dessus. Je n'ai aucune autre question particulière à leur poser, vous voyez. Et le cadeau funéraire, il faut bien le rendre. C'est de l'argent qu'on nous a donné quand un malheur s'abattait sur nous. Si le malheur les visite à leur tour, il faut bien le rendre, cet argent. De part et d'autre on meurt, chaque fois, on donne ou on reçoit un cadeau funéraire : quand une longue période est écoulée, c'est vrai, il n'y a ni avantage ni désavantage, cela revient au même, mais c'est avec ce monde qu'il faut faire. Je n'aimerais pas qu'après ma mort, on m'accuse de ne pas avoir rendu ces cadeaux funéraires.

Les remarques d'Akio me donnèrent beaucoup à réfléchir ; Shigako ne partageait pas l'opinion de son mari sur ces cadeaux funéraires :

« Grand-mère ne cesse de rabâcher cette histoire de cadeaux funéraires, n'est-ce pas ? Il y a quelques jours, j'ai caché l'agenda dans le placard pour qu'elle n'y pense plus. J'ai la vague intuition que Grand-mère mourra de déception une fois qu'on aura rendu tous ces cadeaux funéraires dont nous sommes redevables. Elle souligne chaque fois le nom de la famille à laquelle nous avons rendu de l'argent. »

3

Cela faisait quatre ans que ma mère vivait avec Shigako au village, lorsque son frère cadet Keiichi revint d'Amérique. Keiichi était le seul oncle qui me restât. Il avait émigré vers 1910, à l'âge de vingt et un ans, et avait tenu à San Francisco, jusqu'à la guerre, une galerie d'art et un hôtel ; on pouvait dire alors qu'il avait relativement bien réussi pour un immigrant ; pendant la guerre, il avait été envoyé dans un camp ; et, comme après la guerre il avait perdu tout droit au travail à San Francisco, il s'était installé à New York, où il avait géré un hôtel appartenant à un Blanc, en souhaitant, « après la défaite de sa patrie », selon ses termes, continuer à vivre de cette manière.

Ma mère avait sept frères et sœurs : c'était la fille aînée et Keiichi était l'aîné parmi les garçons ; à l'exception de la dernière, Maki, tous étaient morts. Le retour de mon oncle Keiichi me concernait également un peu. Keiichi et sa femme Mitsué possédaient tous deux la nationalité américaine, ce qui leur permettait de vivre leurs derniers jours aux États-Unis s'ils le désiraient ; mais lors d'une visite que je leur rendis dans leur appartement d'une banlieue de New York, au cours d'un voyage, mon oncle me demanda s'il valait mieux qu'ils vinssent finir leur vie au Japon que de rester en Amérique. Je ne pouvais pas lui fournir une réponse très ferme.

Mon oncle éprouvait un sentiment proche de la nostalgie, à l'égard de la région d'Izu où il était né ; à plus de soixante-dix ans, il avait passé un demi-siècle en Amérique, il était devenu américain à présent et envisageait avec une certaine inquiétude la vie que lui réservait son retour au Japon. A ce qu'il me semblait, il menait avec sa femme une vie plutôt solitaire et leur retour à Izu devrait leur apporter quelque consolation. Par ailleurs, il y avait le problème du logement car, s'il rentrait au village, il allait rencontrer des difficultés qu'il ignorait dans son appartement en Amérique et compte tenu de sa faible retraite, on pouvait se demander laquelle des deux solutions était financièrement la plus avantageuse.

L'année qui suivit ma première visite, l'occasion me fut offerte à nouveau de me rendre en Amérique et j'allai voir encore une fois mon oncle et sa femme, à New York. Il avait déjà pris la décision de revenir au Japon.

« D'autant plus que votre mère est encore vivante », dit-il.

Cet argument me parut avoir pesé nettement dans sa décision. Au cours des cinquante années de son séjour américain, Keiichi était revenu une fois au Japon et manifestement il n'avait pas oublié le visage encore jeune de sa sœur. Je l'avertis cependant que ma mère n'était plus la même et que la sénilité l'avait atteinte. A quoi il répondit :

« Dans la vieillesse, tout le monde se ressemble : je lui tiendrai compagnie. C'est que moi aussi, je suis à moitié gâteux. »

On aurait dit que Keiichi avait laissé une place à sa vieille sœur dans la vie japonaise telle qu'il la rêvait. Était-ce le fait de ce séjour prolongé à l'étranger ? Mon oncle avait fini par prendre les traits d'un Blanc et adopter des points de vue rationnels et religieux.

L'automne de cette année-là, mon oncle et sa femme mirent un terme à leur vie américaine pour venir passer leurs vieux jours dans leur région natale d'Izu. Je leur servis de répondant devant l'administration.

Dès son installation, mon oncle se fit construire un petit pavillon coquet, à l'occidentale, pour y vivre avec sa femme. La maison était séparée de celle de ma mère par quatre ou cinq autres : avec les jambes qu'elle avait, il suffisait à ma mère d'une ou deux minutes pour s'y rendre. Tous les matins, dans leur petite salle à manger, mon oncle et sa femme grillaient du pain de mie jusqu'à le faire noircir, grattaient soigneusement avec un couteau le grillé et tartinaient une épaisse couche de beurre. Comme ils lisaient le journal en mangeant, la matinée entière était consacrée au petit déjeuner. Dans le voisinage, tout le monde les avait surnommés M. et Mme Amérique. Un tel surnom n'avait rien pour surprendre, puisqu'ils étaient américains, mais ma mère n'était pas contente que le personnage qui était soudain réapparu dans sa vie, en affirmant être son frère, fût appelé M. Amérique. Non pas qu'elle fût hostile à cette désignation, mais elle n'admettait pas qu'avec un tel surnom, un individu se fût prétendu son frère et que son entourage l'accueillît comme tel.

Avant le retour effectif de son frère et de sa

femme, ma mère trépignait d'impatience. L'événement était enregistré sur le disque qui ne cessa de tourner, jour après jour, pendant six mois. Dans sa jeunesse, elle avait eu un faible pour ce Keiichi. « Si seulement Keiichi était là... » : cette phrase revenait souvent dans sa bouche. Puisqu'il allait enfin reparaître, sa joie devait avoir plus d'intensité qu'on ne le soupçonnait.

Mais leur arrivée ne fut pas accueillie par une manifestation de joie de sa part. Il semblait que demeurât en son cœur un doute : était-ce le véritable Keiichi qui venait de rentrer au pays ?

Elle conversait et prenait le thé avec son frère qui lui rendait visite tous les jours, mais elle ne paraissait pas avoir décidé si ce nouveau venu était bien ce Keiichi pour lequel elle avait conservé, durant toute sa vie, un tel attachement et auquel elle avait voué une confiance absolue.

Mon oncle commença par se montrer gentil avec elle, mais le degré de sénilité de sa sœur devait être plus avancé qu'il ne s'y attendait et des mots durs finirent par lui échapper, une fois sur trois. Néanmoins, sa tendresse avait une tout autre qualité que celle d'un enfant pour sa mère et, chaque fois que Kuwako ou moi revenions au village, nous le voyions prendre la défense de sa sœur.

« Vous savez, ces derniers temps, Grand-mère ne rabâche plus comme avant... »

Et pour qu'elle ne le fît pas mentir, il la semonçait à voix basse. Ce rapport fraternel entre deux vieillards n'était pas dépourvu de singularité à nos yeux. Il la ménageait et, à force de précautions, il finissait par s'emporter en s'écriant qu'une tête de mule comme elle, il en avait sa claque et il s'en allait. Il la grondait beaucoup plus violemment que nous ne l'aurions jamais osé.

Mon oncle s'investissait beaucoup dans ce rapport, alors que ma mère ne l'appelait même pas par son prénom. Elle l'appelait M. Amérique, M. Amérique. Cette désignation était colorée de mépris et dans son dos, elle disait : « M. Amérique, tu parles... » ou bien : « Eh bien, pour un M. Amérique... » Malgré tout, si M. Amérique se faisait attendre, elle s'invitait aussitôt chez M. Amérique, autant de fois qu'elle le voulait. Elle oubliait qu'elle revenait de chez lui et s'y précipitait à nouveau.

« Mais enfin, ne pouvais-je m'empêcher de demander à Shigako, chaque fois que je revenais, est-ce que Grand-mère se rend bien compte que cet oncle d'Amérique, c'est Keiichi ? »

Ma sœur avait beau vivre quotidiennement avec ma mère, elle n'avait pas d'avis précis sur cette question. Les réponses qu'elle me donnait variaient : tantôt elle pensait que notre mère l'avait reconnu, tantôt elle en doutait. En tout cas, une chose était certaine pour tout le monde : ce n'était pas mon oncle qui avait la part belle. Il la soutenait, à force de la défendre, il se fâchait et cela se terminait en dispute. Son retour semblait n'avoir eu que cette fin. Mon oncle, presque tous les jours, apparaissait élégamment vêtu d'un pantalon au pli impeccable, d'un pull-over et d'une chemise avec une cravate : quand il n'était pas irrité, il tenait compagnie à ma mère et, les jours de mauvaise humeur, il rôdait autour du jardin sans entrer dans la maison et s'en retournait. Ma mère, qui s'apercevait de son manège, allait parfois le chercher, chaussée de socques. Mon oncle essayait alors de s'esquiver en feignant de ne pas la remarquer, mais, de son pas rapide, elle avait vite fait de le rattraper. Nous les voyions souvent bavarder au pied d'un oranger, à côté de la porte de service. Ils paraissaient tantôt être de mortels ennemis, tantôt parler à mi-voix comme un vieux frère et une vieille sœur inséparables. Ma mère, semblait-il, pensait avoir trouvé là un convive fidèle pour le thé.

C'était le début de l'été de l'année dernière, deux ans après le retour de mon oncle. Shigako m'avait appelé inopinément à Tōkyō. Son mari, qui avait eu un accident d'auto, venait de sortir de l'hôpital et traînassait à la maison, avec ses béquilles. Shigako était exaspérée par notre mère.

Elle lui avait consacré tant de temps : elle était épuisée. Elle pouvait à la rigueur ignorer sa propre fatigue, mais, pour d'obscures raisons, ma mère ne pouvait s'empêcher de persifler méchamment Akio, immobilisé chez eux. Ce matin-là, elle avait insinué : « C'est un rêve, ça, de pouvoir fainéanter toute la journée chez vous... » Akio avait beau faire la sourde oreille, ces reproches ne devaient pas le ravir. On pouvait toujours dire que c'était parce qu'elle avait perdu la tête et qu'il y avait là un impondérable, mais en réalité elle agissait ainsi parce que c'était son gendre et qu'il n'y avait pas de lien de sang entre eux : sa sénilité ne lui ôtait pas ce discernement-là. Comme Shigako protestait, ma mère avait rétorqué : « Je suis là chez moi, vous n'avez qu'à vous en aller. » Si seulement ils en avaient la possibilité ! Mais c'était exclu et Shigako était à bout de forces. Elle ne se sentait plus capable de la prendre en charge. Et, comme sa sénilité s'était aggravée, il fallait toujours avoir l'œil sur ma mère. Avec ça, Akio allait être hospitalisé pour quinze jours, afin de subir une nouvelle intervention. Shigako, qui devrait se rendre tous les jours à l'hôpital, s'inquiétait de savoir ce qu'elle ferait pour notre mère. La bonne et notre tante ne s'en sortiraient pas toutes seules. Elle souhaitait que l'un de nous la reçût, le temps de cette hospitalisation du moins.

C'était le contenu de son appel téléphonique. J'avais pris l'appareil. La voix qui me parvenait dans le combiné montrait nettement à quel point elle était excédée. Notre mère avait réussi à la mettre à bout. Je fis venir mon frère et Kuwako pour discuter ensemble de ce problème.

« Grand-mère a réussi à mettre Shigako à bout de nerfs. Remarquez, elle a bien tenu jusqu'ici. »

C'était Kuwako qui avait pris la parole.

« Ça a explosé, répliqua mon frère. Il fallait bien que ça finisse par exploser. Ce ne devait pas être drôle tous les jours... »

Le tout était de savoir si notre mère était disposée à retourner à Tōkyō. De toute façon, qu'elle en eût envie ou non, il fallait la faire venir. La situation était maintenant assez particulière : l'état d'Akio ne s'améliorait pas, nous nous étions déchargés depuis longtemps sur leur couple et il fallait à présent prendre en considération leurs problèmes.

Après de longues discussions, nous décidâmes finalement que ma mère serait d'abord conduite chez moi, à Tōkyō, puis à Karuizawa. Je possédais là-bas une maison pour y travailler en été : nous imaginions, tous, de manière optimiste, que l'air de Karuizawa lui ferait du bien.

Une fois cette décision prise, Kuwako et mon frère allèrent la chercher au village, un ou deux jours plus tard. Nous ouvririons ma maison d'été plus tôt cette année et ma fille Yoshiko nous y devancerait avec la bonne.

Quand ma mère, accompagnée de mon frère et de ma sœur, entra chez moi, à Tōkyō, je la trouvai considérablement affaiblie, comme s'il s'agissait d'une autre personne. Pensant que c'était à cause des quatre heures de voiture, je la fis coucher tôt ce soir-là ; Sadayo, la bonne à qui nous avions demandé de venir du village pour s'occuper d'elle, et Kuwako dormirent dans la même chambre. Mais ma mère, pour ainsi dire, ne ferma pas l'œil de la nuit. Ne trouvant pas le sommeil, elle essaya de descendre au rez-de-chaussée avec ses bagages. Elle ne cessait de divaguer, répétant qu'elle voulait rentrer au village.

Elle s'endormit à l'aube et, s'éveillant vers dix heures, elle descendit : elle paraissait avoir récupéré, en tout cas suffisamment pour s'intéresser au jardin, dont elle dit :

« C'est vraiment un beau jardin. »

Mais, l'après-midi venu, cela n'allait plus. L'obsession de rentrer au village la hantait et elle ne quittait pas Kuwako d'une semelle : elle insistait, dans la crainte de ne pas partir assez tôt pour arriver avant la nuit. Nous avions beau tenter de lui expliquer pourquoi on l'avait ramenée à Tōkyō, elle ne voulait rien entendre. Elle suivait son idée fixe : revenir au village. Elle avait changé de visage.

Au bout de deux ou trois jours, Kuwako, appelée par son travail, dut partir, repassant nous voir de temps en temps. En son absence, elle était remplacée par ma femme, ce qui eut un effet désastreux. Ma mère lui imputait la source de ses tracas. Elle suivait partout Sadayo et, comme elle l'avait fait avec Kuwako, elle ne cessait de lui demander quand elles rentreraient au village.

Elle avait plus de discrétion en ma présence et se contentait de laisser entendre que rien ne pressait, mais que, si c'était possible, elle aimerait bien rentrer ce jour même ou le lendemain.

Tous les soirs, Kuwako ou mon frère se débrouillaient pour tenir compagnie à ma mère. Parfois ils venaient ensemble. Espérant tout d'abord qu'elle céderait et s'habituerait à sa vie à Tōkyō, nous dûmes bientôt admettre que c'était un vœu pieux. Nous avions fini par reconnaître qu'il y avait de la cruauté à la retenir contre son gré, mais ce fut alors que ma fille nous téléphona de Karuizawa. Yoshiko nous apprenait qu'un soleil resplendissant avait succédé à la saison des pluies et qu'il était peut-être temps de faire venir Grand-mère. Je lui exposai la situation en lui rappelant qu'en effet nous avions projeté d'accompagner ma mère à Karuizawa, mais en la prévenant qu'il serait très difficile de prendre soin d'elle et qu'il fallait savoir ce qui les attendait.

« Je m'occuperai moi-même de Grand-mère. Parce que, vous autres, vous ne savez pas vous mettre à sa place et vous la blessez. Je saurai très bien m'y prendre. Moi, j'aime Grand-mère et elle aussi, elle m'aime. Avec une Grand-mère de quatre-vingt-quatre ans, il faut avoir la mentalité d'une Grand-mère de quatre-vingt-quatre ans. »

La déclaration de ma fille me sidéra, car elle ne s'était jamais exprimée en ces termes. J'avais l'impression d'être remis en place par une étudiante. Il y avait une certaine naïveté courageuse dans sa profession de foi : elle avait, au fond, décidé de s'occuper vaillamment de cette Grand-mère dont tout le monde se disait importuné. Le tout était de savoir combien de temps elle tiendrait.

Ce soir-là, malgré tout, nous décidâmes de parler à ma mère de ce voyage à Karuizawa, sans préjuger de sa réaction.

Mon fils aîné, alors assistant de faculté, lança sans préambule :

« Grand-mère, va donc à Karuizawa. Cela te fera du bien.

— C'est bien, Karuizawa, répliqua ma mère. Si je pouvais y passer quelques jours, ce serait bien agréable. »

Kuwako l'y avait déjà amenée quand elle l'hébergeait : ma mère ne l'avait donc pas oublié.

« Très bien, intervint Kuwako, dans deux ou trois jours, nous irons à Karuizawa, d'accord ?

— Oui, nous irons », dit ma mère sur un ton sincère.

Elle paraissait enchantée de cette idée.

Après mûre réflexion, nous décidâmes de la conduire en auto à Karuizawa. Cette fois encore, ce furent Kuwako et mon frère qui s'en chargèrent car ils la comprenaient mieux. Mais au moment de monter en voiture, les divagations la reprirent :

c'était bien ennuyeux, disait-elle, de rentrer au village sans rapporter de souvenirs.

« On ne rentre pas au village, expliqua Kuwako. On va à Karuizawa.

— Tu plaisantes ! répliqua ma mère. Karuizawa ? Qui va jusque là-bas ? Moi, je rentre au village. Je ne vais nulle part ailleurs. »

Kuwako et mon frère l'aidèrent à monter en la soutenant des deux côtés.

« Ne vous inquiétez pas, ça ira, nous rassura Kuwako qui s'adressa ensuite au chauffeur. Voulez-vous bien nous conduire au " village de Karuizawa " ? »

Deux jours plus tard, je partis à mon tour pour Karuizawa, avec Sadayo. Nous y arrivâmes dans l'après-midi. Après être descendus de voiture devant le portail, nous gravîmes un chemin étroit en pente douce, bordé d'arbres, d'où j'aperçus ma mère qui travaillait dans le jardin. Yoshiko, près d'elle, était allongée dans une chaise longue de rotin, mon frère prenait un bain de soleil sur une natte et Kuwako, lisant un livre, était assise sur la véranda d'où elle voyait tout le monde. Ma mère tourna vers moi un visage lumineux et doux. La situation semblait s'être améliorée ici et cela me rassura.

« Grand-mère est de bonne humeur aujourd'hui, annonça Kuwako, assez fort pour se faire entendre de ma mère. Hier ce n'était pas son jour, mais aujourd'hui elle est très raisonnable, n'est-ce pas ? »

L'avant-veille, ma mère était arrivée épuisée par son voyage en voiture et, furieuse de constater qu'elle n'avait pas été conduite au village, elle n'avait pas fermé l'œil de la nuit, ne cessant d'ennuyer Kuwako et Yoshiko. Au matin, après s'être calmée, elle avait accepté de se promener un peu partout en disant qu'elle était heureuse d'être venue dans un endroit frais. Mais, dans l'après-midi, elle s'était remise à vouloir rentrer au village, créant une grande agitation autour d'elle.

« C'est aujourd'hui qu'elle est le mieux, dit ma fille. C'est déjà l'après-midi, mais elle est très calme. Grand-mère semble avoir accepté l'idée de rester ici. Comme il fait bon, elle peut très bien dormir la nuit. Elle a passé une très bonne nuit. Je crois que cela l'a apaisée. »

Ce jour-là, ma mère n'évoqua pas une seule fois jusqu'au soir son désir de retourner au village. Comme d'habitude, elle répéta plusieurs fois la même histoire, mais nous n'accordions plus d'importance à son rabâchage. Il suffisait à chaque fois de lui donner la même réponse : cela n'avait rien de bien réjouissant, mais cela valait mieux que de la voir faire ses bagages en disant qu'elle voulait rentrer chez elle. Pour l'écouter ressasser les mêmes histoires et y répondre avec les mêmes mots, il suffisait de s'armer de patience et de compréhension alors que, si elle exprimait sa volonté de rentrer au village, il fallait opposer un refus et entrer en conflit avec une vieille femme de quatre-vingt-quatre ans. Il n'était plus question d'argumenter. Cela se réduisait à cet échange : « Je veux rentrer. — Non ! » Elle devait se demander pourquoi nous nous obstinions à l'empêcher de réaliser un désir auquel elle tenait tant, alors que nous ne comprenions pas pourquoi elle ne cédait pas à nos raisons. Le plus embarrassant aurait été de perdre confiance en nous-mêmes en la retenant contre son gré. Elle ressemblait à un enfant qui ne veut qu'une chose : rentrer à la maison. Chaque partie de son corps menu exprimait cette volonté : non seulement sa bouche, mais ses yeux, son profil, son dos, tout clamait ce désir.

Trois jours après mon arrivée, ma mère n'avait pas perdu son calme. Peut-être, comme le disait Yoshiko, ma mère avait-elle renoncé à son idée, peut-être aussi s'était-elle habituée à Karuizawa et trouvait-elle à ce nouveau mode de vie plus de charme qu'elle ne s'y attendait.

Quatre jours après mon arrivée, mon frère, Kuwako et la bonne regagnèrent Tōkyō. Je restai donc seul avec Yoshiko et Sadayo. Au moment du départ, ma mère les accompagna jusqu'au portail et, une fois que la voiture eut démarré, elle déclara :

« Ah ! Voici le calme revenu, ouf !

— Oh ! Grand-mère, protesta Yoshiko, comment peux-tu dire quelque chose d'aussi égoïste !

— C'est pourtant la vérité, répliqua ma mère en riant. Si tu as envie de rentrer, je ne te retiens pas.

— J'aimerais bien, mais je ne peux pas. Il faut bien que je m'occupe de toi.

— Trop aimable...

— C'est vrai, quoi. Tant que tu ne seras pas sage, nous devons bien te tenir compagnie, Sadayo et moi.

— Tu parles ! C'est que, si tu rentres à Tōkyō, tu seras obligée d'étudier !

— Quelle gratitude ! »

Cet échange de mots entre la grand-mère et sa petite-fille me rassura d'une certaine manière.

Or, ce soir-là, ma mère rangea ses affaires dans ses valises et recommença à vouloir rentrer au village. Pour la distraire, Yoshiko et Sadayo la sortirent en promenade, mais cela ne produisit pas l'effet escompté.

Dès lors, la sénilité de ma mère connut des hauts et des bas. Quand elle se mettait à vouloir rentrer, elle bouillait d'impatience, elle insistait et insistait jusqu'à ce qu'elle trouvât un prétexte plausible. Toutefois, à la moindre occasion, elle était soudain dépossédée de cette obsession, elle retrouvait sa sérénité, en disant par exemple :

« Dites donc, ça va être bientôt l'automne, ici. »

Je la voyais attentive au chant des insectes d'automne dans les buissons du jardin et son profil silencieux avait quelque chose qui m'émouvait profondément.

Un jour, en revenant de promenade avec ma fille et Sadayo, elle m'annonça qu'elles avaient rencontré une femme qui leur avait demandé son chemin et que, bien qu'elles lui aient répondu qu'elles allaient la renseigner, elles avaient oublié de le faire. Cette femme, disait-elle, devait être dans l'embarras à présent.

« Elle ne nous a pas demandé son chemin, intervint Yoshiko. Elle n'a rien dit. C'est moi qui me suis demandé si elle ne cherchait pas son chemin.

— Mais non, protesta ma mère sur un ton sincère. Je t'assure qu'elle m'a demandé son chemin.

— Ce n'est pas vrai, fit Sadayo. Il y avait bien

une femme, mais elle ne nous a pas demandé son chemin. »

Ma mère ne s'avoua pas vaincue.

« Si, elle m'a demandé son chemin, insista-t-elle. Elle doit être bien ennuyée à présent, la pauvre. »

A en juger par l'expression de son visage, elle y croyait dur comme fer. Le soir, à table, elle répétait, comme pour elle-même :

« Pauvre femme, que peut-elle bien faire maintenant ? »

Elle paraissait profondément apitoyée à cette pensée.

Quelque temps après la fin du repas, Yoshiko annonça qu'on ne trouvait plus ma mère. Je sortis avec Sadayo dans le jardin pour en faire le tour, mais il n'y avait pas trace de ma mère. J'envoyai Sadayo vers le portail, tandis que je prenais un chemin par la porte de service. Il se divisait en de nombreux embranchements. Le quartier comptait beaucoup de résidences secondaires entourées de vastes propriétés ; bien qu'il ne s'agît pas d'un chemin privé, il n'était guère fréquenté, même de jour. Arrivé à un croisement, j'hésitai sur la direction à prendre. Je n'avais pas la moindre idée de celle que ma mère avait choisie.

J'aperçus alors, plus loin sur la route où je me trouvais, la silhouette menue de ma mère qui trottinait. Tracée au cordeau entre des bosquets, la route s'enfonçait à l'infini dans une perspective parfaite. C'est tout au bout que s'agitait la silhouette de ma mère. Elle s'arrêtait de temps à autre et reprenait sa course. Sa forme évoquait étrangement un animal aux mouvements lestes. La sensation que cette image suscitait contenait quelque chose de presque sauvage.

Quand je l'eus rattrapée, je me contentai de lui dire qu'on allait rentrer à la maison. Comme toujours dans ce cas, ma mère prit un air gauche et répondit :

« Où a-t-elle bien pu passer, cette femme ? »

Cet incident fut pour moi un grand choc. C'était la première fois qu'elle était le jouet d'une hallucination. Il se pouvait bien que la maison du village où ma mère tenait tant à retourner méritât aussi le nom d'hallucination.

Dès ce soir-là, la femme qui avait perdu son chemin lui sortit de l'esprit et, le lendemain, elle avait retrouvé son calme. Elle se promenait en compagnie de Yoshiko et de Sadayo. L'incident avait peut-être produit en elle aussi un choc, grâce auquel elle était redevenue normale. Elle connut quelques jours de tranquillité, les premiers depuis qu'elle avait quitté le village.

Un jour, alors que je me trouvais dans la salle de séjour, je l'aperçus sur la terrasse entre Sadayo et Yoshiko.

« Sur le mont Aso, que l'automne est profond, triste paysage de crépuscule. »

Elle psalmodiait cette citation, semblant chercher la suite.

« Tu en connais de belles choses, Grand-mère ! m'écriai-je, en m'approchant d'elle.

— Elle en sait des choses, Grand-mère, enchaîna Yoshiko. Allez, Grand-mère, insista-t-elle, récite donc pour papa. »

Ma mère récita alors :

« Depuis que le bruit court que mon père est à

Kōya... Tous les jours, mélancoliquement par monts et par vaux... »

Ne trouvant pas la suite, elle soupira :

« J'ai tout oublié ! »

Elle inclina la tête de manière pensive et la releva soudain en s'exclamant :

« Ah si ! Je me souviens encore de cette tirade... »

Elle se mit alors à déclamer, d'une voix modulée :

« *Ensuite j'aimerais dire. J'ai sottement oublié ce que j'avais à dire, à mon grand-père, à ma grand-mère, à chacun un tissu de Hollande...* »

Nous l'écoutions en silence.

« Et puis ? demandai-je.

— Je ne me rappelle plus rien, s'excusa ma mère avec tristesse.

— Grand-mère ne se souvient que de choses mélancoliques, fit observer Yoshiko.

— Je ne me rappelle plus rien d'autre », répéta ma mère en l'ignorant.

Elle avait un air désarmé, comme si cela ne servait à rien d'essayer de se souvenir.

« C'est ce qu'on appelle la " souffrance de la séparation ", non ? »

Je me surpris moi-même en m'entendant prononcer ces mots. C'était en effet ce thème-là que ma mère avait retenu. Elle était elle-même entrée sur la scène de ce théâtre. Le désir qu'elle avait de rentrer au village ne rejoignait-il pas la nostalgie poignante de ces drames classiques ? La compassion qu'elle éprouvait pour la femme qui avait perdu son chemin ne reproduisait-elle pas cette émotion ineffaçable qu'elle avait ressentie dans sa jeunesse, en assistant à des représentations théâtrales ?

Mon beau-frère, Akio, avait souligné que l'intérêt de ma mère pour le monde extérieur s'était raréfié et qu'il ne lui restait désormais que le mariage, la maternité et la mort. Dans le même ordre d'idées, on pouvait dire que son cœur ne se tournait plus que vers la « souffrance de la séparation ». L'expression de haine qui parfois se dessinait sur son visage n'était que fugitive. Ce qui survivait dans son corps fragile comme une feuille morte, dans sa tête détraquée, c'était, me semble-t-il, une sensibilité tout à fait naïve, limpide comme une eau distillée, pure de tout dépôt.

Ce soir-là, un visiteur vint me voir et je bus du whisky avec lui sur la terrasse. Il se retira vers neuf heures, suivi de trois autres invités. Je bus à nouveau avec eux. Il était plus de deux heures quand ils partirent.

Après les avoir raccompagnés jusqu'au portail, je revins vers la terrasse et je surpris ma mère et Yoshiko en chemise de nuit qui se disputaient. Ma mère apparemment ne trouvait pas le sommeil et voulait sortir sur la terrasse, mais je m'y opposai car le froid était piquant. Je m'installai dans la salle de séjour, où je leur tins compagnie pendant un moment. Je me remis à boire.

« Grand-mère, tu peux répéter tes histoires autant que tu veux, dis-je à ma mère. Je suis complètement ivre et ce soir, ça ne me fera rien ! »

Cela faisait des années que je ne m'étais plus trouvé face à elle avec la sincérité dont je faisais preuve en présence d'un être humain normal. D'ordinaire, je m'efforçais de ne pas écouter son rabâchage. Je refoulais toujours de force la protestation qui me venait immanquablement aux lèvres : « Cesse de répéter toujours la même chose ! » En m'asseyant en face d'elle, je commençais une lutte contre moi-même. Or, ce soir-là, aidé par l'ivresse, je sentais que je pouvais lui faire face en toute ingénuité et c'est mon sentiment que j'exprimai.

Le lendemain, Yoshiko me dit cependant :

« Tu étais saoul hier, non, papa ? Grand-mère l'a dit elle-même : “ Ce monsieur est bizarre, il répète toujours la même chose. ” »

Je ne pus m'empêcher d'éclater de rire. Je n'avais aucun souvenir de mes paroles ni de celles de ma mère, bien entendu.

« Je n'ai pas l'impression, continua Yoshiko, qu'elle t'ait reconnu pour son fils. Elle a dit très sèchement : “ Ce monsieur ”. »

Pendant le séjour de ma mère à Karuizawa, Shigako nous téléphonait tous les cinq ou six jours. Quoiqu'elle nous eût chargés elle-même de prendre soin de notre mère, elle semblait s'inquiéter dès qu'elle était loin d'elle.

« Je pense qu'Akio sortira de l'hôpital à la fin du mois d'août, m'annonça-t-elle, mais cela m'arrangerait que vous la gardiez jusqu'à la mi-septembre. Je suppose qu'il fera froid assez tôt à Karuizawa : j'expédierai des vêtements chauds. »

Et elle raccrocha après avoir dit qu'elle reconnaissait la voix de Grand-mère.

Or, non seulement ma mère ne put attendre la mi-septembre, mais dès la mi-août elle rentra au village. Sadayo, qui la suivait partout, avait été rappelée par une affaire importante, ce qui perturba beaucoup ma mère. Dans ce genre de choses, elle faisait preuve d'une intuition terrible et, dès qu'elle se douta du départ imminent de Sadayo, elle fut envahie par une nostalgie digne des pièces qu'elle avait citées. Personne ne s'expliquait comment elle l'avait flairé. Elle fit ses bagages et elle menaça même d'aller jusqu'à l'arrêt de bus. Elle était devenue intraitable. Elle se mit à divaguer, prétendant qu'elle aimait mieux mourir que de rester dans un trou pareil. Yoshiko fut profondément affectée par la déclaration de sa grand-mère.

« Je romps avec toi, Grand-mère, dit-elle très sincèrement.

— Moi aussi, je te dis bye bye... », lui répondit ma mère.

Ces mots inattendus nous surprirent dans sa bouche.

C'était la mi-août quand Kuwako et mon frère vinrent la chercher. Elle avait tout de même passé près d'un mois à Karuizawa. Le jour de son départ, Yoshiko déclara en se regardant dans le miroir du lavabo :

« Tante Shigako disait au téléphone qu'elle avait grossi, moi je me demande si je n'ai pas un peu maigri. »

4

Une fois revenue au village, ma mère se calma. Elle avait fini par regagner l'endroit qu'elle avait tant désiré retrouver, ce qui lui ôtait tout motif de revendication et d'obsession.

A l'automne, je quittai Karuizawa pour rendre visite à ma mère au village. Je voulais la taquiner avec une remarque du genre : « Alors, maintenant que tu l'as retrouvé, ton village, tu n'as plus de raison de te plaindre, non ? » Mais j'en fus pour mes frais. Elle n'avait pas le moindre souvenir d'avoir été à Tōkyō, ni à Karuizawa.

« Comment ? Karuizawa ? s'écria-t-elle. Mais je serais comblée si tu pouvais m'emmener dans un endroit pareil ! »

Je l'interrogeai pour savoir si elle ne se rappelait rien, à quoi elle répondit qu'elle ne pouvait pas se souvenir d'un endroit où elle n'avait pas mis les pieds.

« Mais tu te rappelles quand tu y étais allée, autrefois, tu y es déjà allée...

— Non, je n'y ai jamais été. J'en ai toujours eu envie, mais à mon âge... »

Elle avait également oublié l'autre voyage. Elle s'en était souvenue quand elle était chez moi, à Tōkyō, mais elle avait perdu ce souvenir en peu de temps. Cependant, elle était en pleine forme. Sa mine était méconnaissable par rapport à Karuizawa. C'était plutôt Keiichi, M. Amérique, qui avait bien baissé pendant l'absence de ma mère. Il avait du mal à marcher et il ne lui était pas aisé de se rendre chez elle. Le temps qu'il vînt, elle aurait fait plusieurs aller et retour et il était toujours accompagné de sa femme.

« Si seulement tu pouvais me prêter un peu tes jambes », disait-il à ma mère.

Depuis que ses visites se faisaient rares, c'est elle qui allait le voir deux ou trois fois par jour. Il lui arrivait de revenir en colère, probablement après avoir été grondée, et elle jurait qu'elle n'y retournerait plus jamais ; une heure suffisait pour tout effacer et elle repartait aussitôt. Tant qu'elle vivait au village, elle se conduisait au gré de ses caprices, avec nonchalance.

« Elle est complètement devenue une gamine gâtée, fit remarquer Shigako. Ce n'est plus la peine de lui dire quoi que ce soit, elle n'en fera qu'à sa tête. »

A la fin de l'automne, on organisa une cérémonie commémorative. C'était le cinquantième anniversaire de la mort de Grand-mère Nuï. J'ai déjà dit qu'elle avait joué le rôle d'une mère pour moi. Mais pour ma mère, dans sa jeunesse, cette femme était venue troubler la paix du foyer et, du fait que sur les registres cette ancienne maîtresse de mon arrière-grand-père était sa belle-mère, elle n'avait pas pour elle éprouvé une grande sympathie et leurs rapports avaient été tendus jusqu'à la fin.

Or ma mère ne se souvenait plus de sa bellemère à laquelle aucun tendre sentiment ne l'avait liée.

« Ah bon, dit-elle, c'est une cérémonie pour Nuï. »

En prononçant ces mots, elle ne devait plus se douter que cette femme nommée Nuï avait été son ancienne rivale.

Je me remémorai ces cinquante années avec une certaine émotion. Nuï était morte quand j'étais en dernière année d'école primaire et je me rappelais très bien le jour de ses funérailles. Les cinquante années que j'avais vécues depuis lors me paraissaient longues, mais les cinquante années au cours desquelles aucune rancœur n'était demeurée dans le cœur de ma mère me parurent plus longues encore.

Désormais, peu importait à ma mère que cette cérémonie fût organisée pour Nuï ou pour quelque autre disparu. Elle était manifestement ravie de voir les gens se rassembler et elle accueillait chaque visiteur avec amabilité :

« Je vous remercie de vous être dérangé malgré votre travail. »

Et les visiteurs invariablement faisaient remarquer :

« Grand-mère est encore très bien, vraiment. »

Certains étaient sincères, mais d'autres ajoutaient :

« Enfin, tant que le corps fonctionne bien... »

Au cours du banquet qui suivit la cérémonie, Keiichi, M. Amérique, évoqua ses souvenirs à propos de Nuï. Je ne me rappelle pas s'il avait éprouvé une grande sympathie pour Nuï, mais en tout cas la personne qui l'avait le mieux connue, c'était bien ce Keiichi, parti dans sa jeunesse pour l'Amérique. Ma mère prenait part également au banquet. Assis à quelques places d'elle, je l'observais. Elle avait l'air d'écouter attentivement l'histoire que racontait Keiichi, mais son cœur papillonnait et, comme elle se penchait vers Sadayo, elle était chaque fois rappelée à l'ordre. Et, immanquablement, elle tournait à nouveau la tête vers Keiichi. Ce visage me semblait plus juvénile que celui de Sadayo qui avait vingt-trois ans.

L'année suivante, vers la mi-janvier, nous nous réunîmes pour la première fois depuis assez longtemps, mon frère, mes sœurs et moi au village pour fêter l'anniversaire de notre mère. C'est alors que Shigako nous parut bouleversée.

« Vous avez remarqué, expliqua-t-elle, que Grand-mère depuis l'année dernière m'appelle " Mamie ". Moi, je pensais que c'était parce que quand mes petits-enfants viennent de Mishima, ils m'appellent " Mamie ". Mais ce n'est apparemment pas la réelle raison. Elle semble me prendre sincèrement pour sa grand-mère.

— Mais avec quelle grand-mère te confond-elle ? demanda mon frère.

— Il ne s'agit de personne en particulier, je crois qu'elle me prend vaguement pour sa grand-mère.

— En effet, c'est un choc.

— Quand même votre mère vous considère comme une vieille femme, c'est vraiment la fin !

— Elle ne te reconnaît plus pour sa fille ?

— J'ai l'impression que parfois elle me considère comme sa fille, mais je crains bien que le contraire ne soit plus fréquent. On en est là avec moi, alors avec M. Amérique... son personnage n'a rien à voir avec son frère, Keiichi. Notre oncle a vraiment maîtrisé la situation : récemment, il a commencé une histoire en disant : " Quoi que je dise, tu ne comprendras pas, mais il s'agit de quelqu'un qui s'appelle Keiichi et qui est ton frère, et mon histoire le concerne... " C'est plutôt drôle d'entendre cela. »

Depuis la fin de l'année dernière, ma mère est sujette à de fréquentes hallucinations. Il paraît qu'elle prépare souvent le thé pour les visiteurs alors qu'il n'y a aucun invité. Parfois, c'est avec l'intuition trompeuse de leur présence, parfois c'est parce qu'elle confond les jours et attend un visiteur de la veille.

Pendant que je parlais avec mon frère et mes sœurs de cette histoire évoquée par Shigako, ma mère était assise dans la pièce voisine, à rêvasser.

« Grand-mère, c'est de toi que nous parlons, lança Kuwako.

— Je sais, répondit la voix de ma mère, vous dites du mal de moi, j'en suis sûre. »

Elle rit, avec une expression d'innocence absolue. Son visage était alors radieux. Mais elle reprit son air rêveur, absorbée dans ses pensées. Je me demandai à quoi elle pouvait bien songer à ce moment-là. Passé et présent s'entremêlaient, comme le rêve et la réalité. Des bribes de conversation de ses quatre enfants parvenaient jusqu'à son oreille, pour s'effacer sur-le-champ.

« Éphémère, en attendant le sépulcre, tu ne fais que séjourner ! »

Comme je prononçais ce haïku de Jôsô, que Ryûnosuke Akutagawa cite dans sa nouvelle *Cahier funéraire,* mon frère enchaîna :

« *Le rêve parcourt les landes...* »

La mort de l'oncle Keiichi fut soudaine. Il n'avait pas de maladie particulière, mais tout au long de cette année, un affaiblissement général qui ne pouvait être attribué qu'à la décrépitude avait été sensible, et le voyage qu'il fit avec sa femme jusqu'à Numazu pour certains achats, au début mai, lui fut fatal. Pendant le retour, il fut saisi de nausée et de vertige et, dès son arrivée à la maison, on le coucha : il mourut au cours de la nuit. C'était une mort absurde. Il n'y avait même pas deux ans qu'il était revenu d'Amérique. Contrairement à ma mère, il ne présentait aucun signe de sénilité. Peut-être, à force de se soucier de celle de sa sœur, avait-il décidé de se retirer de ce monde avant d'en arriver à ce stade.

Le jour de ses funérailles, il bruina le matin, mais la pluie cessa pour la levée du corps. Le cortège suivit la pente raide de la colline de Kumano. Le chemin, parsemé de cailloux, était mouillé et glissant, mais la verdure des arbres qui le bordaient avait conservé la fraîcheur de la pluie. J'avais longé ce sentier de montagne pour les obsèques de Grand-mère Nuï et pour celles de mon père. Je l'avais pris aussi pour celles de certains des sept frères et sœurs de ma mère.

L'urne des cendres de mon oncle fut enterrée et l'on planta une planchette funéraire. Quand le prêtre eut terminé ses prières et qu'on eut brûlé l'encens, Kuwako et moi, nous nous éloignâmes du groupe pour nous recueillir sur la tombe de notre père, située un peu plus loin.

Sur la concession rectangulaire bordée d'une haie, il y avait cinq tombes : celle de mon père, celle de Nuï, celle de Shunma et de son frère Takénori et puis une autre, plus petite, sur laquelle rien n'avait été gravé. C'était l'enfant d'un médecin qui avait été l'assistant de mon arrière-grand-père ; on m'avait parlé de la mort de ce bébé, survenue quelques jours après sa naissance. Les tombes de Shunma et de Takénori étaient également petites, car ils étaient morts jeunes. J'essayai de lire la date des décès, mais les lettres étaient presque effacées, à peine lisibles sous la mousse qui les recouvrait. La plaque de Shunma indiquait septembre 1894, celle de Takénori, janvier 1897. Ma mère étant née en 1885, je pus calculer qu'elle avait neuf ans à la mort de Shunma et douze ans à celle de Takénori. Lorsque je lui fis part de ma découverte, Kuwako commenta :

« Grand-mère était vraiment précoce ! »

Et elle ajouta en riant :

« Dans ces conditions, Grand-père avait peu de chances d'être jaloux. Cela dit, il ne devait pas se douter une seconde qu'après sa mort, sa femme rendrait publiques ses amours d'enfance, sans la moindre pudeur.

— C'était imprévisible », dis-je.

Nous nettoyâmes la tombe de ce père imprévoyant en arrachant les herbes folles.

Ce soir-là, on organisa un banquet de funérailles avec des parents et des voisins. Comme le pavillon de M. Amérique était trop petit, nous nous réunîmes dans le salon d'une autre maison que nous possédions.

Ma mère apparut au milieu de la réunion. J'entendis sa voix du côté de la cuisine où s'affairaient des voisines. Je quittai nos convives et allai la voir. Elle interrogeait les habitantes du quartier sur un ton pressant :

« Il paraît que c'est Keiichi qui est mort : pourquoi ne me l'avez-vous pas dit ? »

Elle était pâle et avait le regard fixe, comme toujours quand elle était excitée.

« Mais vous étiez au courant ! protesta l'une des voisines.

— Non, je n'en savais rien, répliqua ma mère. Je viens de l'apprendre. »

Elle était essoufflée, comme si elle était accourue en apprenant la mort de Keiichi. Shigako survint sur ces entrefaites. Elle invita ma mère à rentrer, mais pour entendre de vifs reproches :

« Pourquoi m'as-tu caché que Keiichi était mort, toi ? »

Elle avait un ton sincère.

« Je n'ai jamais rien caché, rétorqua Shigako. C'est toi-même qui disais que tu étais désolé pour M. Amérique. »

Ma mère secoua la tête avec violence.

« Non, je n'étais pas du tout au courant. »

Avec l'aide de Shigako, je ramenai ma mère dans sa chambre. Mais au bout de cinq minutes elle avait disparu et nous dûmes repartir à sa recherche. Nous retournâmes d'abord sur le lieu du banquet, mais elle ne s'y trouvait pas. J'eus alors l'idée d'aller voir chez M. Amérique. Nous aperçûmes sa maigre silhouette assise face à notre tante, dans la salle de séjour. Comme nous entrions dans la pièce, notre tante annonça :

« Grand-mère vient d'offrir de l'encens devant l'autel. »

Une photo de Keiichi, ornée d'un ruban noir et entourée de fleurs, avait été posée sur l'autel situé au fond de la pièce. Notre tante vint nous rejoindre à l'entrée, en disant :

« Grand-mère pleure son frère. »

Nous pénétrâmes dans la pièce et nous approchâmes de notre mère. Elle avait en effet les joues baignées de larmes.

Nous la ramenâmes à la maison mais, au cours de la nuit, elle rendit visite par deux fois à M. Amérique pour se recueillir devant son autel. La première fois, Sadayo l'accompagna, la deuxième fois, ce fut une voisine. Elles ne purent opposer de refus à l'insistance de ma mère.

« Grand-mère est vraiment attristée, fit remarquer Sadayo. Elle n'a pas son visage des autres jours. Je crois que Grand-mère pense que M. Amérique est mort, expliqua-t-elle, et puis que Keiichi est mort lui aussi. Les funérailles de la journée étaient consacrées à M. Amérique et le banquet du soir à Keiichi. Je me demande si elle ne raisonne pas comme cela. »

Je ne pouvais pas partager ce point de vue mais, lorsqu'on pensait à l'indifférence de ma mère à l'égard des funérailles pendant la journée et à sa tristesse déchirante le soir venu, il était difficile de ne pas souscrire à l'interprétation de Sadayo. Qu'elle eût ou non raison, ce qui était certain c'est qu'au milieu d'un chaos total, seul l'accablement devant la mort d'un être humain atteignait le cœur de ma mère. Dans l'ambiance plutôt excitée et égayée du banquet du soir, c'était peut-être elle qui éprouvait la plus grande détresse.

Le lendemain, quand je sortis de ma chambre du premier étage et descendis au rez-de-chaussée, ma mère s'était déjà rendue chez M. Amérique. J'allai la chercher et trouvai les deux femmes qui pleuraient ensemble devant l'autel tout neuf. Elles avaient l'air de deux sœurs très unies.

Je ne voulais pas fatiguer ma tante, déjà fort éprouvée, par les visites de ma mère. Mais ma mère profitait de la moindre distraction de notre part pour y aller. D'ordinaire, ma tante ne l'accueillait pas à bras ouverts mais, dans l'affliction d'avoir perdu son mari, elle avait besoin d'une présence, fût-ce de ma mère, et elle ne lui fermait jamais la porte. Shigako s'écriait chaque fois qu'elle la perdait de vue :

« Non ! Encore chez M. Amérique ! »

Et elle ajoutait :

« Le comble, c'est qu'elle va plus vite que moi. L'autre fois, elle a dû s'arrêter pour m'attendre. »

Deux jours après ces obsèques, je suis rentré à Tōkyō, laissant Mitsu, ma femme, au village. Je devais impérativement me rendre à une réunion, où je suis donc allé directement de la gare de Tōkyō. Il était près de minuit quand je me retrouvai chez moi. A peine étais-je de retour que la sonnerie du téléphone retentit. C'était Mitsu qui me rappelait que j'attendais un visiteur pour le lendemain et qui me demandait de reporter ce rendez-vous. Elle ajouta :

« Tout à l'heure, il y a eu un drame avec Grand-mère.

— Elle a eu une attaque ? demandai-je.

— Non. Elle venait de se coucher, mais elle s'est relevée en hurlant que tu avais disparu. Elle affirmait qu'elle t'avait couché près d'elle. Et elle a disparu, alors qu'on la croyait en train de se rhabiller. Elle était sortie. Heureusement qu'on l'a tout de suite retrouvée.

— Tu dis : *Tu avais disparu*... C'est de moi que tu parles ?

— Hé oui... Apparemment, tu es redevenu un bébé pour elle.

— C'est impossible !

— C'est pourtant la vérité. Elle s'est mise à crier : “ J'avais bien couché Yasushi, mais il a disparu !... ” Pour une surprise... Il était minuit quand elle a disparu. Elle était partie à ta recherche.

— Où l'a-t-on retrouvée ?

— Il paraît qu'elle errait du côté de chez le quincaillier, vers le faubourg de Nagano.

— Qui l'a retrouvée ?

— Shigako et Sadayo. »

Une pensée me traversa qui me glaça soudain. Je me rappelais exactement cette route qui descend vers le faubourg de Nagano, éclairée par la lumière blafarde de la lune. Bordée de rizières surélevées, la route dévalait comme un escalier dans le ravin. Ma mère marchait sur cette route, sous le clair de lune. Elle errait à la recherche d'un bébé qui était moi.

« Je raccroche », dis-je à ma femme.

J'étais cloué sur place, bouleversé. Il faut que je sorte pour aller chercher ma mère : cette idée m'obsédait. Puisqu'elle me cherche, il faut que, moi aussi, j'aille la chercher. J'étais né à Asahikawa, dans l'île de Hokkaidō, mais au bout de trois mois ma mère m'avait amené au village familial. Si son comportement était lié à une hallucination tournant autour de cette époque, j'avais donc un an et elle vingt-trois.

Les yeux fermés, je me représentais la scène : ma mère, âgée de vingt-trois ans, marchait sur un chemin, à minuit, au clair de lune, à la recherche d'un bébé d'un an qui n'était autre que moi. Il y avait un autre tableau sous mes paupières closes : à soixante ans passés, je m'avançais sur ce même chemin, à la recherche de ma mère âgée de quatre-vingt-cinq ans. Le premier tableau scintillait d'une humidité glacée et l'autre avait quelque chose d'effrayant. Ils se superposaient et se confondaient. Je voyais aussi bien ma mère à vingt-trois ans et moi en bébé que ma mère à quatre-vingt-cinq ans et moi à soixante-trois. 1907 et 1969 se réunissaient et les soixante ans qui les séparaient convergeaient au clair de lune et irradiaient. Le froid et la frayeur s'entremêlaient, transpercés par la lumière crue de la lune.

Quand mon excitation se fut dissipée, je m'aperçus que j'avais eu une hallucination au téléphone. Le chemin vers le faubourg de Nagano que j'avais imaginé était celui que j'avais connu dans mon enfance. C'était le chemin que je prenais, quand j'étais à l'école primaire, pour aller me baigner dans la rivière de la vallée comme tous les jours. Aujourd'hui, le long de ce chemin, une école primaire avait été construite et il y avait le pâturage d'une laiterie. Très récemment, une papeterie s'était ouverte.

En tout cas, ma mère avait retrouvé ses vingt-trois ans et elle évoluait dans ce monde-là. Si elle avait vingt-trois ans, mon oncle devait en avoir dix-neuf. C'était deux ans avant son émigration aux États-Unis. Si elle avait eu tant de chagrin pour la mort de son frère, n'était-ce pas la détresse d'une jeune sœur de vingt-trois pour la disparition de son frère de dix-neuf ans ?

J'appelai, de moi-même cette fois-ci, la maison du village. C'est Shigako qui décrocha. Je demandai des nouvelles de ma mère et ma sœur me répondit qu'on lui avait administré un somnifère et que maintenant, elle dormait bien.

« Après avoir affolé tout le monde, fit-elle remarquer, elle dort à poings fermés. C'était peut-être à cause du médicament, mais elle ronflait tout à l'heure. Maintenant, elle dort paisiblement. Demain matin, elle retournera à la première heure chez M. Amérique. »

Visage de neige

C'est le soir du 21 novembre que la réunion du jury pour l'attribution du prix N... eut lieu dans un restaurant du quartier de Shimbashi. Le prix fut décerné au talentueux M. O..., après quoi un banquet fut organisé dans un cadre détendu, mais je me retirai avant la fin. Comme j'étais un peu enrhumé et que je voulais me délasser chez moi, je rentrai en taxi.

Après avoir bu du thé dans la salle de séjour, j'allai directement dans mon bureau. Mon lit était préparé, mais je n'avais pas sommeil et je m'assis à ma table. Je devais livrer deux feuilletons dans un délai assez proche, mais, puisque j'avais projeté ce travail pour le lendemain, je m'en tins à cette résolution et je décidai de consacrer le peu de temps qui me restait à rédiger mon commentaire sur la sélection du prix de ce soir-là. C'était de toute façon une tâche qui m'était impartie dans deux ou trois jours et autant valait la terminer rapidement. On me réclamait un feuillet et demi : je consacrai le premier feuillet au commentaire du roman couronné. Je disposais encore d'une marge, mais je posai la plume sans parler des autres candidats.

C'est à ce moment-là que Shigako me téléphona du village. Ma femme, Mitsu, décrocha et me passa la communication dans mon bureau. Shigako m'avertissait que l'état de notre mère s'était soudain aggravé et que le médecin avait commencé des perfusions.

« Oh, je ne crois pas que ce soit très grave, dit Shigako, mais, étant donné son âge... »

Shigako ajouta qu'elle me rappellerait dans une heure pour me tenir au courant de l'évolution et elle raccrocha. Je constatai à ma montre qu'il était à peine neuf heures passées.

Ma mère avait quatre-vingt-neuf ans. Née en février, elle aurait eu un an de plus dans trois mois. Depuis un an, sans être atteinte de maladie particulière, elle devait s'aliter très souvent à cause d'un affaiblissement général. Elle avait toujours une santé de fer, ce qui laissait supposer qu'elle tiendrait encore cinq ou dix ans, mais, en même temps, on avait l'impression qu'une grippe eût suffi à l'emporter.

Pour parer au pire, je conseillai à Mitsu de se coucher tôt et je décidai de répondre moi-même au téléphone. Vers dix heures et demie, Shigako m'appela une deuxième fois. Ma mère dormait, mais sa respiration était pénible et le médecin veillait à ses côtés. Avec son caractère, si elle passait la nuit, elle se comporterait le lendemain comme si de rien n'était. Mais, d'après Shigako, la crise de ce soir-là était un peu préoccupante. Shigako gardait son sang-froid. Simplement sa voix était plus grave et plus posée que d'habitude.

Pour ma part, je me refusai à dramatiser. Mais j'avertis Shigako que je partirais dès le lendemain matin pour le village, une fois que j'aurais trouvé une voiture. Et je raccrochai.

Je préparai tout de suite mon voyage. Je prévoyais que je devrais passer quelques jours au village et je mis dans ma valise les livres dont j'avais besoin pour les deux feuilletons auxquels je devais travailler dès le lendemain. Par ailleurs, certaines personnes du village avaient fait édifier dans la banlieue de Numazu un bâtiment contenant mes livres : comme ce centre serait inauguré le 25, je devais assister à la cérémonie et prendre mes dispositions. Je glissai dans ma valise un habit noir et des chemises.

A une heure cinquante, Shigako me donna un troisième coup de téléphone.

« Grand-mère vient de rendre son dernier soupir. Il était une heure quarante-huit. »

J'entendis un sanglot. J'attendis qu'elle se calmât et j'exprimai, sur un ton cérémonieux, ma reconnaissance pour les soins qu'elle avait longuement prodigués à ma mère. Je dis que notre mère devait être heureuse d'avoir été, jusqu'au dernier instant, auprès de Shigako et de son mari, qui s'étaient occupés d'elle plus que nous ne l'avions fait. C'étaient des paroles de gratitude et de consolation d'un frère à une sœur. Je raccrochai après avoir dit que nous parlerions mieux dès mon arrivée au village.

J'appris la nouvelle à ma femme. Elle ne s'était pas endormie et se leva aussitôt. Comme je revenais dans mon bureau, le téléphone sonna. C'était Kuwako. Sa voix avait plus de fermeté que je ne m'y serais attendu. Je la priai de venir chez moi, le lendemain, à huit heures, pour que nous nous rendions ensemble en voiture au village.

En voyant ma femme mettre la photo de ma mère sur l'autel et préparer l'encens, cette idée me frappa soudain : « Ma mère est donc morte. »

Un peu plus tard, j'entendis le téléphone sonner dans le bureau. Je pris la communication dans la salle de séjour et je reconnus la voix de Shigako. En principe, la veillée aurait lieu le lendemain — c'était bientôt — et les obsèques le surlendemain ; or, le surlendemain étant un jour néfaste, les funérailles seraient reportées au jour suivant, c'est-à-dire au 24. Quelques parents s'étaient déjà rendus au chevet de notre mère et la suggestion était venue d'eux. La voix de Shigako avait acquis plus de fermeté, visiblement à cause de la tension à laquelle elle était soumise. Je lui conseillai de dormir un peu, tout en sachant qu'elle en serait incapable.

Après ce coup de téléphone, je discutai avec ma femme du plan pour le lendemain. Il fut convenu que je partirais le matin avec ma sœur, avant ma femme qui avertirait nos enfants et prendrait ses dispositions pour pouvoir laisser la maison vide durant quelques jours, après quoi elle nous rejoindrait pour la veillée. Comme nos bagages seraient encombrants, je les chargerais dans la voiture que je conduirais.

Je préparai moi-même mon habit funéraire et je confiai le reste à ma femme. Puis je me retirai dans mon bureau avec du whisky. Peu de temps s'était écoulé depuis le décès de ma mère, mais déjà sa mort était transfigurée en funérailles. J'avais l'impression que ce voyage précipité était moins justifié par la mort de ma mère que par la nécessité de régler les affaires funéraires.

Je bus mon whisky, assis à mon bureau. Durant une telle nuit, j'aurais dû engager un dialogue unique comme il s'en fait entre mère et fils, mais je n'y étais pas disposé. Elle avait donc trouvé la mort au terme d'une longue vie. Elle dormait désormais, sans aucune pensée. Elle ne se réveillerait plus jamais et demeurerait ainsi étendue, les yeux clos, sereine. C'était la seule chose que je pouvais me représenter. Mon père était mort quinze ans auparavant, à quatre-vingts ans ; là aussi, j'avais appris la nouvelle dans ce bureau. Cette nuit-là aussi, j'avais attendu l'aube, assis à cette table, recueillant des bribes de conversation que j'aurais pu prononcer de son vivant, comme un fils avec son père. Mais, pour ma mère, il n'en était rien : j'avais l'impression que je lui avais tout dit et que je n'avais rien à ajouter.

Kuwako arriva à huit heures. Dès que j'entendis sa voix, je sortis de mon bureau et je la vis qui parlait avec ma femme dans la salle de séjour. Quand j'entrai, ma sœur exprima sa tristesse en ces termes :

« Grand-mère est vite partie. Si j'avais su que cela irait aussi vite, je serais allée la voir l'autre dimanche. »

Je remerciai Kuwako comme je l'avais fait avec Shigako, la veille, au téléphone :

« Tu t'es bien occupée d'elle, pour Grand-mère, c'était...

— Elle n'avait pas de maladie, coupa Kuwako, et elle est morte si soudainement. Enfin, je trouve que c'est tout à fait dans son style. *Moi* (elle prit alors le ton de ma mère), *j'ai enfin été soulagée, vous savez. Vous l'ignorez peut-être, mais j'ai maintenant la meilleure place.* »

Et elle se cacha les yeux derrière ses doigts.

Nous finîmes rapidement de prendre notre petit

déjeuner et sortîmes les bagages jusqu'au portail. J'avais emporté mon habit de cérémonie ainsi que le costume funéraire. Je me ferais excuser pour les feuilletons que je ne pourrais pas livrer à temps, mais en ce qui concernait l'inauguration, comme les organisateurs avaient déjà envoyé partout les cartons d'invitation, il était maintenant impossible de modifier la date. Le 24 les obsèques et le 25 la cérémonie d'inauguration : j'aurais du mal à changer d'état d'esprit, encore heureux que les deux ne fussent pas tombés le même jour.

Finalement, lorsque nous prîmes la route, il était près de dix heures. Quand nous nous engageâmes sur l'autoroute, le ciel était admirablement clair et nous apercevions le mont Fuji dans toute sa splendeur.

« Dire que dans peu de temps, fit observer Kuwako, Grand-mère aurait pu fêter son quatre-vingt-dixième anniversaire ! »

Le 1er janvier, elle aurait eu quatre-vingt-dix ans, selon l'ancienne manière de compter. Nous avions déjà envisagé cette fête, mais sa mort l'avait finalement précédée. Nous avions projeté d'assister ensemble, Kuwako et les miens, à l'inauguration et de nous rendre ensuite au village pour passer quelques jours avec notre mère ; mais, à quelques jours près, ce projet devint donc irréalisable. Peut-être ma mère aurait-elle dit qu'elle n'était pas heureuse de ne nous voir qu'à l'occasion d'on ne sait trop quelle manifestation officielle. Je fis part de mes réflexions à ma sœur, qui répondit :

« C'est vrai, avec son caractère elle aurait été tout à fait capable de dire : " Je ne vais pas vous dire merci, si vous vous contentez de venir en passant. " Mais elle n'aura pas à se plaindre pour ses funérailles, puisque tout le monde vient pour elle. Cela lui plairait qu'il y ait de l'animation. Elle sera contente s'il y a du monde. »

A mesure que nous approchions de Gotemba, le mont Fuji nous apparaissait tantôt à gauche, tantôt à droite, tantôt en face. De sa cime à ses pieds, la montagne apparaissait tout entière : c'était la première fois que je voyais ainsi le mont Fuji.

Près de Numazu, le mont Fuji passa à droite, puis derrière nous. Le ciel était bleu, limpide ; des nuages s'effilaient immaculés, comme des traînées d'ouate. De mai à juin, j'avais voyagé en Iran et en Turquie et j'avais eu l'occasion de contempler au sud de la Turquie la beauté poignante de ses ciels bleus et de ses nuages si blancs : le ciel et les nuages que j'apercevais ce jour-là au-dessus de l'autoroute étaient tout à fait ceux de Turquie. Je pensai que, pour que nous nous rendions au village par une telle journée, ma mère avait choisi le moment de sa mort, comme elle seule pouvait le faire.

Un an après le séjour qu'elle avait fait à Karuizawa, ma mère était revenue à Tōkyō pour passer chez moi une vingtaine de jours. Shigako était en effet contrainte de s'absenter de chez elle pour quelque temps et elle m'avait chargé de m'occuper de notre mère.

Il faisait froid en cette saison : nous dûmes attendre que le temps se remît au beau et ma femme alla la chercher au village avec notre fille Yoshiko, qui avait terminé ses études universitaires. Elles couchèrent au village et, le lendemain matin, elles ramenèrent ma mère en auto.

Au moment de partir, ma mère était de bonne humeur et après avoir dit au revoir aux voisins, elle monta en voiture, avec entrain ; pendant le trajet, elle avait l'air d'apprécier le paysage désolé de l'hiver. Or, à peine fut-elle arrivée chez nous et se fut-elle installée dans la salle de séjour qu'elle voulut rentrer au village. Elle ne cessa, par la suite, d'exprimer ce même désir chaque jour, pendant vingt jours, sans changer une seule fois de sentiment.

Le matin, où elle avait l'esprit plus serein, elle faisait preuve de moins d'insistance et se contentait de lâcher, selon les circonstances :

« Eh bien, il est peut-être temps de vous laisser. »

Ou bien :

« Je me sens très bien ici, chez vous, mais je m'inquiète un peu de notre maison, au village. »

L'après-midi, cependant, sa nostalgie du village était obsessionnelle et elle enrageait. Il suffisait d'une courte absence pour retrouver ma mère à l'entrée de la maison, avec son petit sac. Il était vain de tenter de la persuader et, effleurait-on son épaule, elle entrait dans une vive colère comme si on la battait. Dans ma famille, c'était avec moi qu'elle se montrait le plus docile, mais l'après-midi il n'était même pas question de m'écouter. Je doutais, du reste, qu'elle me reconnût alors pour son fils.

Après des journées de ce genre, quand le ciel prenait les nuances du crépuscule, ma mère se calmait enfin pour un moment. Peut-être admettait-elle qu'il n'était plus temps de se mettre en route ou la fatigue due à son excitation de l'après-midi se faisait-elle sentir. En tout cas, elle était envahie d'une espèce de sérénité de transe, tout en allant et venant dans le jardin, malgré le froid, ou dans mon bureau, ou en prenant sans rechigner son bain, puis elle nous rejoignait à table pour le dîner.

« Grand-mère, la journée a été dure, aujourd'hui, faisaient remarquer les enfants.

— Merci, répondait ma mère, mais c'est plutôt pour vous qu'elle a été pénible. »

Elle n'oubliait pas pour autant son désir de rentrer au village. Elle disait :

« Ce n'est pas la peine de vous lever demain matin, je prendrai seule le premier train. »

Ou bien :

« Il vaut mieux que je vous dise au revoir dès maintenant. »

Ou encore :

« J'ai peur qu'au village ils ne se dérangent trop pour me recevoir demain. »

Comme Mitsu eut l'imprudence de commenter :

« Y a-t-il tant de monde qui vous attend ? », elle prenait un ton sarcastique :

« C'est très différent d'ici. Il y a beaucoup de serviteurs, le jardin est plus grand, et l'eau du bain vient d'une source, c'est plus agréable.

— Dis donc, Grand-mère, intervenait Yoshiko, elle est magnifique, ta maison. »

Ma mère réagissait alors avec plus de douceur :

« Tu viendras une fois chez moi ! Il y a beaucoup de fruits dans le jardin. La cuisine est beaucoup plus spacieuse qu'ici et nous avons même deux puits. »

Elle avait alors l'expression d'une petite fille fière de sa maison.

Après le dîner, elle passait deux bonnes heures dans la salle de séjour, assise sur un coussin qu'elle posait sur le tapis. Elle écoutait parfois les autres, parfois elle s'enfermait dans son monde. Entre-temps, le sommeil la gagnait et elle s'endormait, assise ; puis, elle se réveillait et réajustait son kimono d'un air vexé. Remarquant sa somnolence, Yoshiko se levait et disait :

« Allons, au dodo. »

Elle prenait ma mère par la main.

« Allez, allez, au dodo », insistait-elle, si ma mère refusait.

Elle soulevait habilement ma mère et l'entraînait vers l'escalier en la portant quasiment dans les bras. Yoshiko se chargeait de la coucher : elle seule en était capable. Si quelqu'un s'y essayait, cela provoquait un véritable drame. Ma mère ne manifestait sa tolérance qu'à l'égard de sa petite-fille. Durant la journée, quand ma mère était excitée, Yoshiko elle-même n'y pouvait rien, d'autant plus que ma mère se montrait plus agressive à son égard, mais au moment de se coucher, elle redevenait tout à fait docile. Je n'ai jamais assisté à la scène, mais Yoshiko en parlait souvent, en disant :

« Ce soir, je m'y suis bien prise. »

Ou bien :

« J'ai raté mon coup. »

« Il faut agir très vite, d'un seul élan, expliquait-elle. Je la déshabille, je l'aide à enfiler sa chemise de nuit et à se glisser sous la couette, à travers laquelle je lui tapote l'épaule deux fois. Ensuite, je rassemble un mouchoir de papier, son portefeuille et une lampe de poche, je les lui montre, en disant : " Je les mets bien ici " et je les pose à son chevet. Puis je lui tapote encore l'épaule deux fois. Il me semble que, sans cela, elle ne se calmerait pas. Enfin, je sors dans le couloir et, après avoir éteint la lumière de la chambre seulement, je reste là pendant un moment. Si au bout de deux ou trois minutes elle ne s'est pas relevée, tout va bien. »

Voilà comment elle s'y prenait tous les soirs. J'aimais beaucoup écouter ses commentaires. Elles formaient un couple, grand-mère et petite-fille.

Mais, un jour, Yoshiko me déclara :

« Vous savez pour qui Grand-mère me prend ? Je suis une bonne, pour elle. Il me semble bien que c'est ça. Et je crois même qu'elle me prend pour une bonne plus âgée qu'elle. Elle fait l'enfant gâté avec moi, elle veut être câlinée, elle pique des colères... Hier, elle a même ajouté : " Merci de t'être tant occupée de moi. Demande à te coucher, toi aussi. " »

En apprenant ces détails, je me demandai si ma mère, dans ses moments de docilité, ne retombait pas en enfance et ne retrouvait pas la période où elle vivait sans contrainte chez son grand-père. Elle avait encore reculé dans le temps, depuis ses neuf ou douze ans, où elle était amoureuse de Shunma et de Takénori. C'est pour cela qu'elle ne parlait plus de ces garçons, recommençant sa petite enfance.

Elle avait été recueillie par son grand-père Seiji,

qui vivait dans une certaine aisance, avec deux cabinets, au village et à Mishima, quand elle avait cinq ou six ans. N'ayant pas d'enfant, il avait adopté le couple des parents de ma mère pour laquelle il se prit d'une telle affection qu'il décida de l'élever lui-même au village. Il pensait déjà à cette époque lui léguer plus tard ses cabinets en lui faisant épouser un médecin. C'est ce qui se produisit en effet. Ma mère connut donc une enfance un peu hors des normes grâce à l'amour excessif de son grand-père adoptif. Ce que le caractère de ma mère pouvait avoir d'acquis avait donc été entièrement forgé à cette époque. Dans toute situation, elle exigeait d'être le centre de l'attention générale : elle était orgueilleuse et trouvait normal d'être servie. En revanche, les traits innés de son caractère étaient contraires. Elle faisait preuve de compassion, elle était ponctuelle et coopérative. Ces contradictions dominèrent sa longue vie. Certains la trouvaient douce, d'autres cruelle. Les uns la taxaient d'égoïsme, les autres reconnaissaient sa sociabilité. Le seul point qui faisait l'unanimité, c'était son orgueil.

Quoi qu'il en soit, l'idée que ma mère était redevenue la petite fille de cinq ou six ans qu'elle avait été auprès de son grand-père, en toute liberté, me rassura par sa gaieté. Je ne savais pas si elle avait cinq ou huit ans mais, si j'avais vu juste, elle aurait désormais moins de souci, de contrainte et de discrétion. Pour ma part, j'étais plus heureux de voir ma mère retombée en enfance que de la voir souffrir de sénilité. C'était probablement le moment le plus épanoui de sa vie et ses jours n'auraient plus rien de sombre si elle retrouvait la sensibilité de son enfance. Durant la journée, elle était cependant abattue et elle nous abattait. Je voulais que du moins, le soir venu, elle retournât à son enfance, quitte à nous paraître arrogante et égoïste.

Or un événement se produisit qui ébranla mes espoirs. C'était quinze jours après son arrivée à Tōkyō. La nuit était bien avancée quand ma mère vint dans mon bureau. Elle était en chemise de nuit, elle avait sa lampe de poche à la main ; elle regarda ma table et, constatant que je travaillais, elle se retira sans rien dire. Comme je l'interpellais, elle se contenta de se retourner vers moi sans répondre. Elle était manifestement à moitié endormie. Je la raccompagnai aussitôt dans sa chambre. Je la couchai dans son lit, mais elle tenta de se relever. Découragé, j'allai réveiller Yoshiko qui dormait dans la chambre d'en face. Le bruit arracha ses deux frères à leur sommeil. Nous donnions l'impression de tenir, autour du lit de ma mère, un conseil de famille nocturne.

« Ce soir, c'est donc le tour de papa, dit mon fils cadet. Hier, elle est venue dans ma chambre. J'avoue qu'elle m'a effrayé en pointant sa lampe sur mon visage pendant que je dormais. J'ai eu une peur bleue.

— Elle m'a fait le coup plusieurs fois déjà, enchaîna mon fils aîné. Si elle se réveille dans la nuit, Grand-mère vient en général dans ma chambre, parce que c'est la plus proche. Elle promène le faisceau lumineux de la lampe un peu partout, elle s'approche du lit, elle éclaire mon visage et elle repart. Au début, je croyais qu'elle voulait aller au cabinet, mais ce n'était pas du tout cela. Après être ressortie de la pièce elle trouve toute seule le cabinet et rentre se coucher. Elle passe donc délibérément chez moi avant d'aller au cabinet.

— Elle s'inquiète de toi, expliqua Yoshiko, et elle vérifie que tu existes bien.

— Ne plaisante pas, protesta mon fils aîné. J'ai mon travail et je dois me lever tôt le matin. Elle ne va jamais dans ta chambre ?

— Si, elle est venue une fois. Mais depuis, plus.

— Tu dis ça, mais c'est peut-être que tu ne t'en aperçois pas », suggéra mon fils cadet.

Ils continuèrent à envisager différentes hypothèses : ma mère était peut-être à moitié endormie, ou bien elle était somnambule, ou encore elle était en proie à des hallucinations.

« C'est bien ennuyeux, en tout cas, qu'elle nous réveille en plein milieu de la nuit, conclut mon fils aîné. La dernière fois, elle a laissé tomber sa lampe de poche. J'ai dû la chercher avec elle, mais impossible de la retrouver. Par acquit de conscience, j'ai eu l'idée de fouiller sous le lit, elle y était ! Même la lampe de poche s'est égarée tout seule !

— Ce n'est pas possible ! »

La voix de ma mère était intervenue à ce moment-là. Tout le monde se tourna dans sa direction.

« Comment voulez-vous qu'une lampe de poche bouge toute seule ? »

Elle était assise sur l'édredon, enveloppée dans une veste. Elle avait complètement oublié qu'elle était descendue au rez-de-chaussée et elle ne comprenait pas pourquoi depuis quelque temps elle était le sujet de notre conversation. Cela semblait la troubler, mais son attention avait été attirée par l'histoire de mon fils aîné, qui visiblement l'amusait, et elle s'était mêlée à la conversation. Elle avait quitté son expression hébétée et arboré un sourire innocent de petite fille. Nous étions inter loqués. Yoshiko la remit au lit et chacun de nous regagna sa chambre. On aurait dit que nous obéis sions à un ordre de ma mère.

Deux ou trois jours plus tard, elle revint dans mon bureau. J'était plongé dans mon travail quand j'entendis ses pas glisser sur le tapis de la salle voisine, comme si elle allait recevoir des invités. Je me levai aussitôt et je regardai dans la pièce. L'autre porte était entrouverte et à la lueur de l'escalier on apercevait vaguement les meubles, mais la pièce était quasiment dans l'obscurité. Ma mère se tenait dans l'ombre, la lampe de poche à la main, et derrière elle se trouvait Yoshiko dans sa robe de chambre bleue.

« Ce sont des fantômes », laissai-je échapper.

Ainsi, au milieu de la salle de séjour, elles m'évoquaient des « mânes » évanescents. J'étais allé l'année précédente en Chine où j'avais assisté, au théâtre de Shanghai, à un spectacle intitulé *A la recherche de l'amour* et il y avait là une scène où le roi des dragons, son serviteur nain et l'âme de l'héroïne volaient au ciel sur un nuage, le long du fleuve jusqu'à la capitale. Ma mère, qui cherchait l'entrée de mon bureau avec sa lampe de poche, ressemblait au serviteur nain du roi des dragons : ce personnage, en effet, observait la terre à l'aide d'une lance enflammée. Et Yoshiko, à cause de sa robe bleue, évoquait l'héroïne réduite à son âme.

« C'est terrible, hein ? dis-je à Yoshiko.

— J'ai été réveillée alors que j'avais vraiment sommeil. Je pensais qu'elle retournerait dans sa chambre, mais elle s'est mise à descendre l'escalier. Je ne pouvais tout de même pas la laisser toute seule : ç'aurait été dangereux. Elle a d'abord regardé dans la chambre de maman, puis elle est venue ici.

— Que cherche-t-elle ?

— Rien en particulier, sans doute, répondit Yoshiko. Elle doit se sentir seule. Je crois qu'en se réveillant dans la nuit, elle a l'impression de ne pas être dans sa chambre. Et elle fait le tour des chambres en se disant : " Ce n'est pas celle-ci, ni celle-là. " »

Quand ma mère et ma fille furent remontées au premier étage, comme je n'avais pas sommeil, je pris une bouteille de whisky dans mon bureau. Et je réfléchis à ce qui pouvait pousser ma mère à devenir sénile et à agir ainsi. Elle pouvait chercher, comme le suggérait Yoshiko, sa chambre dans la maison du village, ou n'importe quoi d'autre, avec la mentalité de la toute petite fille qu'elle était redevenue. En tout cas, on était loin de la petite gamine expansive que j'avais imaginée quelques jours auparavant. Ce n'était que l'image triste, assombrie de ma mère. Il aurait été aisé de liquider la question avec un terme comme « hallucination » ou « somnambulisme », mais il me semblait que les gestes de ma mère, même s'ils n'étaient pas tout à fait normaux, avaient une certaine cohérence. A présent que j'avais connaissance de cet aspect en elle, je ne pouvais plus la laisser dans cet état.

Finalement, on mit un terme à ce séjour au bout d'une vingtaine de jours et ma mère regagna le village. Au début, mon intention avait été de la garder à Tōkyō un mois au moins, mais j'avais fini par douter qu'on eût intérêt à la retenir plus longtemps. Après avoir demandé à Shigako de s'arranger, je décidai d'avancer le départ de ma mère. Nous ne l'avertîmes pas de notre décision. Quelques jours avant le départ, ma mère avait remarqué que le prunier qui était planté devant mon bureau était en fleur et dès lors elle ne cessa d'évoquer les pruniers du jardin du village. Elle répétait :

« Vous savez, derrière l'appentis, nous avons un verger de pruniers. Il y a des fleurs rouges et blanches. En ce moment, elles doivent être toutes écloses ensemble : ce doit être magnifique. »

Il n'y avait plus rien dans notre terrain qui ressemblât à un verger de pruniers, mais il était vrai que jusqu'aux années dix notre jardin avait beaucoup de pruniers. A présent, il n'en restait plus que quelques-uns et l'appentis avait été détruit.

Ma mère put enfin regagner sa maison au verger de pruniers. Kuwako nous avait rejoints la veille pour l'accompagner avec moi en voiture. Comme le voyage s'était fait le matin, où ma mère avait les idées à peu près claires, elle était de bonne humeur, en auto. Quand Kuwako lui demanda si elle savait où nous allions, ma mère répondit avec un sourire lumineux :

« Comment veux-tu que je le sache ? C'est dur d'être gâteux. Nous retournons sans doute au village, n'est-ce pas ? »

Pas plus que Kuwako, je n'aurais su dire si elle ne se rendait pas compte du chemin que nous suivions ou si elle faisait l'innocente délibérément.

Dès notre arrivée, ma mère fureta partout dans

la maison, l'air ravi. Mais lorsque, après le déjeuner, elle sortit avec moi, elle n'avait plus conscience d'être rentrée de Tōkyō le matin même. Dans le jardin presque à l'abandon, il restait donc quelques pruniers dispersés, avec des fleurs rouges et blanches, en effet, mais, étant donné leur âge, il y avait peu de fleurs épanouies et leur couleur manquait d'éclat. Ma mère se promenait à présent dans ces lieux qu'elle avait tant désiré revoir quand elle était à Tōkyō. C'était bien le jardin de la maison du village, mais il était très différent de celui dont elle se vantait. Elle avait évoqué vraisemblablement l'endroit dont le souvenir était resté gravé en son cœur depuis son enfance : c'était là qu'elle désirait ardemment revenir et son désir ne fut pas réalisé.

« Grand-mère, dis-je, tu parlais du bois de pruniers, mais il n'est plus ici.

— Hé non, c'est bien fini, maintenant » répondit-elle d'un ton dépité.

Je ne savais pas dans quelle mesure elle était consciente de ce qu'elle disait, mais de toute évidence elle avait la nostalgie des jours lointains où la maison avait connu la prospérité, maintenant qu'elle se retrouvait toute seule dans ce jardin isolé.

Ce soir-là, je racontai à Shigako et à son mari comment s'était passé le séjour de ma mère à Tōkyō. Comme je parlais de son comportement en pleine nuit, Shigako déclara :

« C'est la même chose ici. Si elle s'est contentée d'une promenade par nuit, elle s'est montrée fort discrète. Ici, elle se lève jusqu'à trois fois par nuit, elle regarde dans notre chambre, puis elle va dans la cuisine, elle traverse le couloir et elle retourne dans sa chambre. »

L'hypothèse, avancée par Yoshiko, selon laquelle ma mère cherchait sa chambre de la maison du village, ne tenait donc pas. Nous nous interrogeâmes sur les raisons pour lesquelles elle errait la nuit.

« Oui, pourquoi ? fit Shigako. Avant, elle ne faisait pas cela. Je crois que tout a commencé il y a un an. Je pensais au départ qu'elle s'inquiétait de savoir si les portes étaient bien fermées, mais ce n'était pas la raison. Maintenant, je commence à croire sérieusement que Grand-mère est devenue une petite fille et qu'elle cherche sa mère. Quand elle entre dans ma chambre, elle me regarde une fois, mais elle détourne aussitôt les yeux, comme pour dire : " Non, ce n'est pas toi. " N'était-ce pas ainsi à Tōkyō ? Un enfant qui cherche désespérément ses parents a souvent ce regard. »

En effet, les deux fois où ma mère était venue dans mon bureau, j'avais perçu ce regard. Elle me regardait, mais sans me regarder vraiment. On aurait dit qu'elle posait les yeux sur moi, pour les détourner aussitôt. On pouvait bien y reconnaître le regard d'un enfant qui cherche désespérément sa mère. Shigako, qui avait reçu ces visites chaque nuit, avait un point de vue dont la perspicacité me surprenait.

« Je ne suis pas tout à fait d'accord, intervint Akio, le mari de Shigako. Je crois tout de même que c'est une mère qui cherche son enfant. L'autre jour, vous vous rappelez, elle est sortie dans la rue, en criant que son bébé (c'était vous) avait disparu. Sa manie des promenades nocturnes a commencé à peu près à ce moment-là, mais je crois, malgré tout, qu'elle avait en tête qu'elle cherchait son enfant. L'autre fois, elle prononçait votre nom et c'était probablement le bébé que vous avez été qu'elle cherchait. Les choses ont dû un peu changer. Je me demande si elle cherche non pas un enfant particulier, mais, de manière vague, l'enfant en général, comme la mère chatte cherche ses chatons. Il me semble que c'est cela. Enfin, quand un enfant cherche sa mère, la scène suggère de la tristesse, mais dans le cas de Grand-mère il n'y a pas de la tristesse, simplement l'expression d'une énergie. C'est certainement le visage d'une mère qui cherche son enfant.

— Oh, Grand-mère n'a pas seulement de l'énergie. Elle est également triste. Quand je la vois de dos en train de marcher, je ressens d'abord de la tristesse. Je pense tout de même qu'elle est un enfant qui cherche sa mère. D'ailleurs, si j'avais à choisir entre les deux possibilités, je préférerais que Grand-mère soit un enfant.

— C'est vrai, admit Kuwako, cela nous arrangerait qu'elle soit redevenue un enfant. Mais qu'est-ce qui est vrai ? Cherche-t-elle sa mère, en étant redevenue un enfant ? Cherche-t-elle son enfant, en restant la mère qu'elle est ? On ne saura jamais la vérité, à moins de l'interroger elle-même.

— L'ennui, fit observer Shigako, c'est que cela ne nous avancera à rien de l'interroger ! *Je ne sais pas, je ne me rappelle pas avoir fait cela,* fit-elle, en imitant ma mère.

— Tu as raison, convint Kuwako, elle ne doit pas savoir. Cela veut dire que Grand-mère agit sans le savoir elle-même. Je crois bien que c'est son âme qui échappe à son corps et qui rôde. J'ai couché cette nuit dans la même chambre que Grand-mère et elle s'est levée au milieu de la nuit. Comme c'était pour moi une occasion plutôt rare, je l'ai suivie. J'avais vraiment l'impression que son esprit flânait : je dis " flânait ", mais elle ne marchait pas au hasard. Elle avait l'air d'être guidée par quelque chose. On aurait dit que quelque chose d'extérieur guidait Grand-mère sans qu'elle le sache.

— Ne raconte pas d'horreurs ! protesta Shigako.

— Oui, tenons-nous-en là. Cette conversation me rend triste. Grand-mère me fait tellement de la peine ! »

Tout le monde partageait mon sentiment et nous interrompîmes là notre dialogue.

Quand Kuwako avait suggéré que quelque chose comme un esprit guidait ma mère, j'avais eu envie de dire que cet esprit était peut-être une sorte d'instinct mais, craignant que ma remarque ne fût pesante, je la gardai pour moi. Cela n'aurait servi qu'à rendre ma mère plus pitoyable encore et à nous attrister.

Il se pouvait bien que Shigako eût raison en affirmant que ma mère était redevenue enfant et cherchait sa mère ; il se pouvait aussi qu'Akio eût raison en soutenant que ma mère était redevenue une jeune mère à la recherche de son enfant. Il se pouvait enfin qu'elle cherchât tout autre chose et qu'elle errât comme une mère infantile. Comme l'avait souligné Kuwako, cela échappait à sa conscience et elle agissait sans le savoir. En tout cas, on en arrivait à se demander ce qui diable la faisait courir : l'instinct, pouvait-on répondre, ou, sans prononcer ce mot, quelque chose qui reviendrait à cela. Ces deux quêtes d'une mère et d'un enfant pouvaient avoir été en elle depuis sa naissance ; son corps et son esprit les avaient peut-être préservées intactes, inspirant chaque soir sa conduite mystérieuse. Ce raisonnement offrait une explication, même si l'on ne comprenait pas la réalité de ses gestes nocturnes.

Quelques années auparavant déjà, j'avais remarqué que la seule émotion que connût ma mère dans les rapports humains était la douleur de la séparation, mais ce sentiment semblait également avoir cessé de l'atteindre. Sa sénilité s'étant aggravée, ma mère s'était-elle enfin reposée sur la faible flamme de l'instinct qui brûlait encore dans son corps et son esprit affaiblis ? C'était possible, mais il y avait quelque chose de sinistre et de déchirant à la penser dans un tel état. Cela suffisait à nous imposer le silence. Je pensai que je n'étais pas le seul à avoir décelé cette faible flamme dans sa sénilité : Akio, Shigako, Kuwako aussi avaient dû la percevoir.

Ce soir-là, sans doute à cause de son retour tant désiré et parce qu'elle n'avait plus à répéter qu'elle voulait rentrer, elle dormit d'un trait, sans se lever.

Au début de juin de l'année suivante, c'est-à-dire un an et trois mois après que j'avais eu de telles pensées, Shigako m'écrivit que l'accouchement de sa cadette était imminent et qu'elle aimerait la garder chez elle. Ne pouvant s'occuper en même temps de notre mère, elle me demandait de m'en charger pendant une vingtaine de jours, avant et après l'accouchement. Pendant les quinze mois qui s'étaient écoulés, je m'étais rendu au village à plusieurs reprises et l'état de ma mère était à peu près inchangé. Elle avait l'esprit tour à tour clair et détraqué. Elle avait repris ses errances nocturnes. Akio et Shigako avaient renoncé à toute explication : il n'était plus question qu'elle cherchât son enfant ou sa mère. Shigako se contentait de dire :

« Quel ennui de devenir gâteux ! Puisque je suis sa fille, je deviendrai comme elle. Cela m'inquiète vraiment. »

A la mi-juin, Mitsu m'accompagna au village pour prendre ma mère. Nous y passâmes deux nuits pour constater de nos yeux l'évolution et pour poser quelques questions à Shigako et, le matin du troisième jour, nous repartîmes avec ma mère en voiture. Nous nous installâmes tous les trois sur la banquette arrière, ma mère entre nous deux. Elle n'était pas particulièrement malade mais, une fois assise, elle semblait s'être tassée et être devenue frêle. En direction de Mishima, nous nous engageâmes sur l'autoroute à l'échangeur de Numazu. Nous fîmes deux haltes à l'aire de Numazu et à celle d'Atsugi. Assise dans un coin de l'immense salle de restaurant, ma mère avait l'air minuscule. Les deux fois, elle mangea une glace avec une petite cuiller, et les deux fois elle dit que c'était délicieux, comme si elle en mangeait pour la première fois. Durant tout le trajet, elle ne prononça aucune autre phrase.

A l'arrivée, elle manifesta une certaine inquiétude de se retrouver dans un endroit qu'elle ne reconnaissait pas ; or, contrairement à la dernière fois, elle ne répétait pas qu'elle voulait rentrer au village et se montrait très docile. Après avoir pris un bain, elle nous rejoignit à table. Mais à propos d'aucun plat, elle ne dit que c'était délicieux. Comme quelqu'un fit remarquer que c'était bon, elle se contenta de répondre :

« Hé oui ! »

Elle boudait, l'air de dire :

« De toute façon, à ce stade-là, on n'y peut plus rien, mais je ne vous ennuierai pas. »

Ce soir-là, elle se coucha de bonne heure et dormit d'un somme jusqu'au matin. Yoshiko dormit dans la chambre voisine.

D'après Shigako, ma mère errait la nuit moins souvent qu'avant. Il était très rare qu'elle se levât deux ou trois fois de suite : une fois tout au plus. Il lui arrivait même de ne pas se réveiller du tout. Shigako avait ajouté que ce genre de nuit était plus pénible pour elle, car elle devait vérifier si tout allait bien dans la chambre de ma mère.

Les deux premières nuits qui suivirent son arrivée à Tōkyō, ma mère s'abstint d'aller regarder dans les autres chambres. Si jamais elle se réveillait, elle se contentait de faire appel à Yoshiko pour se rendre aux toilettes. Yoshiko supposait que ma mère avait toujours envie de se promener comme avant en pleine nuit, mais qu'elle ne savait plus où aller. Par rapport aux précédents séjours, ma mère était sensiblement affaiblie. Elle n'avait plus la vitalité qui l'aurait poussée à fureter partout.

Quatre ou cinq jours après l'arrivée de ma mère, Yoshiko proposa une nouvelle interprétation :

« Il se peut que Grand-mère s'imagine qu'elle est séquestrée et qu'elle renonce à ses promenades nocturnes pour cette raison. »

Elle raconta comment, la nuit précédente, en revenant des toilettes, ma mère avait mis la main sur la poignée de la porte de la chambre de mon fils cadet ; mais constatant que, par hasard, la porte avait été fermée à clé, elle avait protesté, en disant qu'on ne lui permettait plus d'aller nulle part.

« Je n'avais jamais fait attention, mais je pense que Grand-mère devait le faire de temps à autre en croyant qu'elle avait été enfermée. »

Il était pénible de devoir entretenir une telle illusion chez ma mère, pourtant si c'était le seul moyen d'empêcher ses visites nocturnes, elle devait nous le pardonner.

Pendant la journée, ma mère avait recommencé à réclamer qu'on la reconduisît au village, comme les autres fois ; son insistance avait cependant perdu de son énergie. Quand elle se le rappelait, elle répétait qu'elle voulait rentrer, toujours assise sur les nattes du salon, sans jamais oser s'aventurer jusqu'à l'entrée. C'était le signe d'un certain affaiblissement de sa santé et ce dépérissement s'accompagnait d'un manque de ressort dans sa sénilité même. Il lui arrivait parfois de manifester sa colère par son expression ou des protestations, quand on portait atteinte à son amour-propre. Les règles de son amour-propre n'étaient pas aussi claires et nous avions du mal à trouver la conduite à avoir avec elle. Il était difficile de lui faire entendre raison ou de lui expliquer quoi que ce fût. Je constatais alors que ma mère évoluait dans un certain bonheur, comme une petite-fille avec son grand-père, sans contrainte. Si quelqu'un s'écriait : « Comme Grand-mère est têtue ! », elle détournait la tête avec une moue dédaigneuse, en posant les deux mains sur les genoux. Elle me rappelait ma petite-fille de cinq ans.

Nous nous dîmes qu'en dépit de ces inconvénients, ma mère tiendrait un mois ou deux chez nous. Comme nous avions l'habitude de nous rendre en juillet à Karuizawa, nous pensâmes qu'il serait peut-être possible d'y ramener ma mère. Mes deux fils estimèrent également que leur grand-mère apprécierait le séjour dans cette villa entourée de mélèzes, dans le calme, au milieu des montagnes, contrairement aux expériences précédentes. Seule Yoshiko s'y opposa.

« Réfléchissez, voyons. L'autre fois, c'était terrible. Et depuis, sa sénilité a beaucoup évolué. Comment voulez-vous qu'elle s'y plaise simplement parce que c'est calme et frais ? Elle n'est plus sensible à ce genre d'avantages. Sachez que sa vie est faite de sensations et d'idées que nous ne pouvons même pas soupçonner. »

Cette déclaration fut accueillie en silence. Yoshiko s'occupait le plus souvent de sa grand-mère dont elle connaissait mieux que nous l'état actuel, surtout en ce qui concernait ses nuits.

A bien y réfléchir, notre projet était assez inconsidéré. Il y avait le problème du transport. Quand on pensait à la cohue de la gare, le train devrait être insupportable pour les nerfs fragiles de ma mère et cinq heures de voiture mettraient à rude épreuve sa constitution affaiblie.

Pendant une dizaine de jours, tout se passa mieux que nous ne l'avions espéré. Comme ma mère ne s'abandonnait pas à ses impulsions, il me semblait qu'elle se trouvait mieux à Tōkyō qu'au village. Elle ne se transformait ni en mère affolée en quête de son enfant, ni en enfant triste à la recherche de sa mère. Cela ne signifiait pas qu'elle fût entièrement affranchie de ses pulsions. Simplement malgré son désir de le faire, elle ne pouvait plus errer en pleine nuit : cela causa en moi une autre sorte d'affliction à son égard. A la voir ainsi assise dans le salon, je ressentais autant l'angoisse d'une petite fille qui a renoncé à chercher sa mère que celle d'une mère qui ne croit plus pouvoir retrouver son enfant. Ma mère à mes yeux avait ces deux visages. Si je décidais qu'il s'agissait d'une enfant, c'est l'enfant que je voyais. Si je décidais qu'il s'agissait d'une mère, c'est la mère que je voyais.

Au bout de quinze jours, je l'accueillis dans mon bureau et m'assis sur la terrasse. Nous venions de finir de prendre un tardif petit déjeuner, il était dix heures passées. Je voulais me détendre un peu avant de travailler en prenant le thé avec elle. Yoshiko apporta du thé léger pour ma mère et du thé plus fort pour moi. Comme je prenais ma tasse, ma mère qui fixait ma table déclara :

« Ce monsieur qui écrivait ici tous les jours, jusqu'à ces derniers temps, est mort, n'est-ce pas ? »

Cet homme qui écrivait, cela ne pouvait être que moi.

« Quand est-il mort ? » lui demandai-je en la dévisageant.

Elle prit un ton soudain hésitant pour répondre :

« Il doit y avoir trois jours, oui, ce doit être le troisième jour aujourd'hui. »

Je regardai alors mon bureau trois jours après ma mort. Il régnait un désordre inimaginable dans la pièce. Les étagères débordaient de livres et il y avait des piles qui s'écroulaient et d'autres qui menaçaient de le faire, au milieu de deux sacs de voyage, de trois cartons et de quelques tas de dossiers ficelés ensemble, dont certains seulement m'appartenaient. Près de la fenêtre, d'autres papiers, des chemises, des liasses s'entassaient et la véranda où nous étions installés était semblablement encombrée et se trouvait dans un désordre désespérant. La famille du mort aurait du mal à s'y retrouver, me dis-je.

Je promenai le regard sur tous ces détails tour à tour et l'arrêtai sur la table, où régnait un parfait désordre, mais où j'avais réservé un espace étrangement net pour mon travail. La bonne avait écarté les papiers et s'était contentée de nettoyer cet endroit, où étaient posés deux cendriers propres et un encrier. Je regardai avec une certaine émotion cette table où personne n'était plus censé s'asseoir.

« C'est donc le troisième jour, dis-je.

— Tu vois, nous recevons encore beaucoup de condoléances.

— C'est vrai », répondis-je.

En effet, la maison était envahie par la foule des visiteurs du troisième jour après la mort du maître. Dans la pièce voisine, Mitsu recevaient des amis dont nous entendions les voix et dans la salle de séjour, même si on ne les entendait pas, la sœur de Mitsu et les siens, qui étaient arrivés la veille, devaient préparer leur départ. Il y avait également un jeune couple venu les chercher. Dans le jardin, deux jeunes ouvriers réparaient la porte du garage. Je les voyais bavarder avec la bonne.

Alors, l'idée me saisit que ma mère devait vivre avec une « sensation de situation ». Je ne sais pas si une telle expression existe ni si elle convient, mais il y avait des indices sensibles qui lui avaient laissé supposer que le maître de maison était mort depuis trois jours. L'état de mon bureau autorisait à penser que cet homme assis à sa table était mort depuis trois jours et il y avait dans la maison une foule telle que l'on pouvait imaginer que la mort s'était produite trois jours auparavant. Ma mère avait pu par ailleurs remarquer d'autres détails qui m'auraient échappé. Ne s'était-elle pas créé un monde à partir de ces éléments ? Elle vivait du moins depuis trois jours dans cette maison privée de son maître. Elle pouvait s'en attrister et prendre le deuil. Elle pouvait tenir n'importe quel rôle dans un drame dont elle était l'auteur.

De ce point de vue, son monde sénile prenait un autre aspect. Il lui arrivait de penser, peu de temps après le petit déjeuner, que le soir allait tomber et de confondre au contraire le soir avec le matin. Mais, que ce fût le matin ou le soir, il suffisait d'un indice sensible pour la persuader que c'était le soir ou le matin.

Je buvais donc du thé, en face d'elle, et j'avais envie de lui dire :

« Grand-mère, tu as commencé à vivre quelque chose de vraiment terrible. Tu t'es installée dans ton propre monde à présent. »

En effet, il s'agissait d'un univers auquel elle seule avait accès, qu'elle avait isolé du réel, par sa sensibilité, et réorganisé.

Mais elle m'aurait peut-être rétorqué que la

chose ne datait pas d'hier et qu'elle vivait depuis très longtemps ainsi. Elle confondait le matin et le soir depuis plusieurs années.

L'incident n'eut pas d'autres suites, mais il se produisit un autre événement. Au début juillet, Mitsu partit pour Karuizawa avec la bonne, après avoir rempli la voiture de bagages. Elles prépareraient notre maison de campagne pour nous permettre de nous y installer dès que nous le désirerions. Lorsque Mitsu s'avança dans le vestibule pour sortir, ma mère annonça :

« J'ai quelque chose à vous dire... »

Elle avait pris un ton très solennel. Comme Mitsu faisait mine d'entrer à l'intérieur de la maison, ma mère enfila ses socques en disant :

« Nous allons parler au-dehors. »

Elle ne se dirigea pas vers le portail, mais descendit dans le jardin. Mitsu la suivit. Ma mère gagna le massif de lilas.

« De toute façon, je devais vous raconter cette histoire tôt ou tard, commença-t-elle. La dame qui vit avec moi au village est une étrangère à laquelle je ne suis pas liée par le sang, en réalité. Je pensais qu'il fallait que je vous mette dans le secret, vous du moins. »

C'était là tout ce qu'elle voulait confier à Mitsu. C'est Mitsu qui me l'apprit à son retour de Karuizawa, le lendemain soir.

« Grand-mère était vraiment sincère, dit-elle. Comme si elle laissait entendre : " C'est une histoire que je ne devrais raconter à personne, mais puisque je vous quitte et que je ne vous reverrai jamais plus, je voudrais vous la dire maintenant. "

La dame en question, c'est Shigako, n'est-ce pas ? La pauvre, alors que c'est sa fille aînée, elle la considère comme une étrangère ! »

N'était-ce pas selon la même logique qu'elle avait fait de moi un mort ? De moi, elle avait fait un défunt et de Mitsu, quelqu'un qui la quitterait définitivement. En voyant Mitsu, ce matin-là, affairée aux préparatifs du départ, téléphoner au gardien de la maison de Karuizawa, ma mère avait dû avoir le sentiment d'une séparation définitive. Il paraît que Mitsu avait nettoyé l'autel des morts et s'était entretenue avec deux visiteurs, ce qui avait dû produire sur ma mère un effet beaucoup plus violent que nous n'aurions pu le prévoir. En tout cas, elle accomplissait son devoir à l'égard de Mitsu qui allait la quitter. Elle jouait un drame dont elle étai l'auteur.

Deux ou trois jours plus tard, réunis dans la salle de séjour, nous évoquâmes cet incident. Yoshiko raconta une anecdote sur sa grand-mère de Kyōto. La mère de Mitsu, qui était morte, comme je l'ai dit, l'année précédente, avait passé quelques jours chez nous six mois avant sa mort. Elle avait voulu donner à Yoshiko un billet de cinq cents yen, à un moment où personne d'autre ne se trouvait à la maison.

« J'ai commencé par refuser, expliqua Yoshiko, mais j'ai dû finir par accepter. Elle avait des yeux, comment dire ? désespérés. Des yeux implorants qui me suppliaient de prendre cet argent. Comment aurais-je pu dire non ? Je crois que, si je m'étais obstinée, elle aurait éclaté en sanglots. »

Je ne savais pas quel était le drame que ma belle-mère s'était forgé, mais elle avait dû s'enfermer dans un monde tout aussi inaccessible que celui de ma mère.

« Elles ont beau avoir l'air de se ressembler, fit remarquer un de mes fils, Grand-mère d'Izu et Grand-mère de Kyōto sont très différentes. Grand-mère d'Izu fait mourir papa et fait partir maman loin d'elle. C'est assez retors. De ce point de vue, Grand-mère de Kyōto avait moins d'arrière-pensées. Et je ne pense pas que Grand-mère d'Izu ait jamais l'idée d'offrir de l'argent de poche à sa petite-fille.

— La personnalité de chacun transparaît dans le gâtisme, enchaîna mon autre fils. Disons que Grand-mère d'Izu est moderniste et que celle de Kyōto était vieux jeu. »

Le séjour de ma mère à Tōkyō fut interrompu au bout d'un mois. Shigako nous téléphona que sa fille avait accouché d'un garçon, sans le moindre problème, et qu'elle allait rentrer au village. Elle était prête à accueillir notre mère à n'importe quel moment ; elle ajouta qu'elle avait rêvé d'elle deux nuits de suite et qu'elle s'inquiétait d'elle. C'était l'époque où nous comptions partir pour Karuizawa : si nous ne pouvions pas emmener ma mère, il n'était pas question de la laisser à Tōkyō où la chaleur devenait chaque jour plus accablante.

Kuwako accepta de se charger d'accompagner ma mère au village.

« Grand-mère s'est vraiment assagie, commenta-t-elle en revenant. Mais, quand elle est trop sage, cela a quelque chose d'inquiétant. Dans son gâtisme elle a fini par tout oublier. Ces derniers temps, je me demande même si elle n'a pas oublié qu'elle était gâteuse. »

Sept mois plus tard, à la fin février, nous organisâmes une petite fête pour célébrer le quatre-vingt-huitième anniversaire de ma mère, avec tous les enfants et les petits-enfants. Cela aurait dû tomber le 15, mais nous repoussâmes la fête de dix jours pour ceux qui travaillaient et nous nous réunîmes dans la grande salle d'une auberge d'une ville voisine : nous étions vingt-quatre, en comptant ses fils, ses filles, leurs époux et leurs épouses, ses petits-enfants, ses arrière-petits-enfants. Nous nous séparâmes en trois tables rondes. Ma mère prit place à la table du fond, le dos tourné vers le *tokonoma* [1], entourée de ses enfants, de leurs maris et de leurs femmes.

En entrant dans la salle, elle semblait se rendre compte que la fête était organisée en son honneur et elle avait l'air joyeux. Mais, une fois assise, entendant tout le monde dire « Grand-mère, Grand-mère » autour d'elle et en lui offrant des cadeaux lever un toast pour elle, elle se mit à bouder. Kuwako qui s'était installée à ses côtés la servait dans une petite assiette, prenant soin de choisir des mets tendres, mais ma mère se désintéressait de la nourriture comme si elle refusait d'être ainsi amadouée.

« Que se passe-t-il, Grand-mère ? demanda Shigako. Ce n'est pas une fête en ton honneur ?

— En mon honneur ? s'étonna-t-elle. Une fête en mon honneur ? »

Non qu'elle n'eût pas compris le sens de cette fête. Tout le monde venait vers elle en lui disant

1. Alcôve décorative. *(N.d.T.)*

« Bon anniversaire », et cela, elle le comprenait. On aurait dit qu'elle hésitait à se mêler à ces réjouissances, ce qui l'inquiétait : « Vous avez beau me dire tous " Bon anniversaire ", semblait-elle soupirer, moi je ne vois pas de quoi se réjouir », et elle nous lançait un regard quelque peu soupçonneux. Elle accueillait la chanson de ses petits-enfants, la danse que son arrière-petits-fils avait apprise à l'école maternelle avec un sourire poli du coin des lèvres. Une certaine morosité l'empêchait de participer à la fête.

Au milieu du repas, un photographe apparut pour prendre une photo souvenir et Shigako sortit un gilet et une coiffe rouges pour ma mère. Mais elle ne voulait pas entendre parler de ce déguisement. Comme Shigako finissait par s'emporter, elle accepta de revêtir le gilet et de porter la coiffe pour la photo seulement. Elle avait bien raison de protester : cet accoutrement ne lui allait pas du tout. Elle repoussa violemment ces vêtements, après la photo, avec un air de dignité offensée.

J'avais été l'instigateur du banquet, mais pour l'organisation je m'en étais remis aux jeunes. A l'exception de ma mère, tout le monde était gai et l'ambiance devenait de plus en plus animée. L'isolement de ma mère avait quelque chose de déprimant.

Elle, qui avait retrouvé son enfance, était peut-être habituée à plus d'éclat et plus de luxe. En comparaison, le banquet devait lui sembler bien misérable et elle ne l'approuvait pas. Peut-être avait-elle puisé dans l'agitation des préparatifs, pendant les deux ou trois jours précédents, des indices sensibles qui lui avaient annoncé un drame personnel dans lequel elle s'était enfermée.

Mais, à vrai dire, cela ne me déplaisait pas trop de la voir bouder du début à la fin. Elle était plus que jamais fidèle à elle-même.

Le lendemain de cette fête qui pour ma mère n'était pas une grande réussite, nous nous retrouvâmes une fois encore tous réunis, mon frère, mes sœurs et moi, au village. Ma mère, qui avait fait la tête pendant la soirée de la veille, avait un sourire constant. Personne n'aurait su dire ce qui avait changé en elle.

Son affaiblissement sautait aux yeux. Elle ne parlait plus guère et un ressassement continuel lui échappait dans un murmure et un monologue que l'on remarquait à peine. Une fois assise, elle ne bougeait plus. Cela devait l'agacer d'être contrainte de changer de place et, même si plus personne ne se trouvait près d'elle, elle restait au même endroit. Cette réaction n'était pas pensable deux ou trois ans auparavant.

« Grâce au ciel, soupira Shigako, je ne suis plus sur les dents, ces temps derniers. Il est devenu assez rare de la suprendre debout dans la nuit : cela n'arrive qu'une fois tous les trois ou quatre jours. Mais, si elle se lève, c'est un vrai fantôme. Elle a des gestes très lents ; on a tout à fait l'impression de voir avancer un fantôme. Autrefois elle me suivait toute la journée comme mon ombre, dans la cuisine, jusqu'à la porte... Maintenant, c'est fini. Parfois, j'éprouve une étrange sensation en m'apercevant qu'elle ne se trouve plus derrière moi. »

Ce jour-là nous nous rendions compte que nous

donnions la vedette à ma mère en évoquant les différents postes où elle avait suivi mon père. Nous parlâmes notamment de Taipei, Kanazawa, Hirosaki.

« Et Untel, tu le connais, Grand-mère ? demandions-nous tour à tour. Et Untel, tu t'en souviens ? »

Elle avait oublié la plupart des noms, mais elle déclarait quelquefois :

« Ah ! C'était quelqu'un de bien ! Il était vraiment gentil. Il n'avait pas d'enfants. Qu'a-t-il pu devenir ? »

L'espace d'un instant, son visage s'animait. Son esprit détraqué était soudain illuminé, ce qui nous surprit. Elle se rappelait ainsi trois ou quatre noms. Parfois le nom évoquait pour elle une personne réelle. Mais, à chaque souvenir, elle avait les mêmes mots.

« Ah ! C'était quelqu'un de bien ! Il était vraiment gentil. »

Si un nom ne lui disait rien, elle secouait la tête en silence ou persiflait :

« Ce doit être un bon à rien ! »

Autrement dit, pour qu'elle n'en eût pas souvenance, elle, il ne devait pas valoir grand-chose.

« Cela lui ressemble tellement, ça ! commentait Kuwako. Elle ne voit pas en elle-même la cause de son oubli, mais en accuse celui qui en est l'objet !

— A en juger par son cas, les vieillards séniles mettent sur le même plan leurs propres enfants et les étrangers, fit remarquer mon frère. Les enfants s'imaginent qu'ils ne seront pas oubliés, mais c'est faire preuve d'optimisme. Il y a bien longtemps qu'elle m'a oublié. Bien sûr, quand elle me voit face à elle, je dois bien lui dire vaguement quelque chose, mais elle ne me reconnaît pas pour son fils. Quand je rappelle mon nom, elle doit bien savoir que c'est celui de son fils, mais elle ne peut plus m'identifier à ce nom. Je ne sais pas pourquoi : c'est moi qu'elle a complètement oublié en premier, conclut-il avec amertume.

— Si tu le prends ainsi, répliqua Shigako, moi, il y a dix ans que je vis quotidiennement avec elle et je ne sais pas depuis quand elle a oublié que j'étais sa fille. Elle doit me prendre pour une vieille servante. Vous avez remarqué qu'elle m'appelle Mémé. Ça dépasse tout, mais que faire ? »

C'est elle qui, en effet, avait tiré le mauvais numéro. Si ma mère oubliait Shigako, elle oubliait à plus forte raison Akio, son gendre. Kuwako et moi, elle nous avait gardés plus longtemps présents à l'esprit mais, depuis deux ou trois ans, c'était devenu plus douteux et nous étions déjà passés du côté des oubliés.

« Tôt ou tard, elle nous oublie et nous sommes dans le même lot, déclarai-je à mon tour. Nous partageons tous le même sort d'un équitable oubli. Finalement, nous avons tous été abandonnés par notre mère. Il faut dire que notre père aussi a été abandonné. C'est effrayant, la sénilité. »

Quand avait-elle oublié notre père ? Son existence dans la mémoire de notre mère s'était raréfiée. Pour parler comme mon frère, sa sénilité n'avait même pas privilégié son compagnon de tant d'années et elle l'avait mis au même rang que les autres.

« Au fond, intervint Kuwako, je trouve que

Grand-mère se souvient de pas mal de gens. Elle en a même gardé un souvenir assez net.

— Elle se souvient manifestement de ceux qu'elle trouvait gentils et bien, souligna mon frère, mais les autres, elle les a oubliés. Il faut croire que nous n'avons été ni gentils ni bien pour elle.

— Tu crois ça ?

— C'est mon avis. Je me disais tout à l'heure qu'avec son caractère Grand-mère avait une manière tranchante de décréter Untel gentil, Untel sympathique, Untel haïssable ou mauvaise langue. Elle devait ressentir ces choses-là avec plus d'intensité que quiconque. Dans son cœur, je crois qu'elle encadrait ceux qui avait été gentils et qu'elle biffait les méchants. Qu'elle encadre ou qu'elle biffe, cela n'aurait eu aucune conséquence si elle n'était pas gâteuse. Mais il se trouve qu'elle l'est devenue. Et c'est ainsi qu'elle s'est mise à oublier ceux qu'elle avait biffés. Il y avait probablement une hiérarchie parmi les oubliés, mais ils ont dû simplement s'effacer de sa mémoire les uns après les autres.

— Autrement dit, répondit Kuwako, nous avons été gommés, nous aussi.

— Nous avons été gommés, effectivement. Quand j'envoie mes vœux de nouvel an, il m'arrive d'effacer des noms de ma liste en me disant qu'ils ne valent plus la peine. C'est un peu ce qui s'est produit pour nous.

— Nous avons donc été tous exclus de son agenda ? Nos noms ont été rayés ?

— Hé oui, d'un gros trait.

— Quand l'a-t-elle fait ?

— Ça, je n'en sais rien. »

Mon frère ne plaisantait qu'à moitié et ses propos avaient de quoi nous faire réfléchir. Il est vrai qu'un homme passe son temps à inscrire et à rayer le nom des êtres qu'il a rencontrés au cours de sa vie.

« Et toi ? s'enquit Shigako auprès de mon frère. Quand t'a-t-elle rayé ?

— Je n'en sais rien mais, quand j'étais plus jeune, je m'étais disputé avec maman à propos de mon travail. Cela date peut-être de cette époque.

— C'est vraiment ancien, alors.

— C'est en tout cas dans des circonstances semblables qu'elle m'a rayé. Si Grand-mère n'était pas devenue gâteuse, elle m'aurait simplement biffé. Mais comme elle est devenue gâteuse, j'ai été définitivement gommé. »

En écoutant mon frère, je me dis que c'était l'adoption par la famille de sa femme qui avait fourni l'occasion. Au début, ma mère avait accueilli la nouvelle de son mariage avec enthousiasme mais, une fois la chose faite, quand elle comprit que son fils la quittait pour une autre famille, elle avait dû se sentir d'autant plus trahie que c'était son préféré. Ce pouvait être le moment où elle avait rayé son nom en elle.

« Et pour papa ? demanda Kuwako.

— Probablement à la fin de la guerre », dis-je.

Ce ne pouvait être qu'en cette occasion que ma mère avait rayé le nom de mon père. Quand l'autorité et la gloire de mon père avaient connu un brusque déclin après une vie tout entière passée sous les armes, quand, se voyant propulsé dans une société d'après-guerre où il avait perdu tout éclat, il s'était abandonné à une misanthropie croissante ma mère avait dû se sentir flouée. Quand il portait encore l'uniforme, mon père agissait en tyran avec ma mère qui se soumettait sans broncher et, après la guerre, elle accepta la présidence de l'Union patriotique des femmes au foyer du village et accomplit sans renâcler les obligations de l'épouse d'un militaire. L'éclipse de mon père porta atteinte à l'amour-propre exacerbé de ma mère. Elle devait nourrir une certaine rancœur à son égard. Si mon père avait été biffé, c'était à cette époque.

« Dans ces conditions, votre mari et moi-même, dit Akio, nous avons dû être barrés à ce moment-là. »

Akio avait été soldat et le mari de Kuwako avait été médecin militaire.

« Et toi, quand as-tu été rayé ? me demanda Kuwako.

— Peut-être quand j'ai épousé Mitsu. Sinon, quand j'ai préféré le journalisme à la médecine. Quand j'ai annoncé que je deviendrais journaliste, elle a fait la mine. »

Je venais bouleverser la tradition familiale qui voulait que l'aîné fût médecin. Le fait que j'aie refusé de m'inscrire en médecine avait dû profondément scandaliser ma mère qui depuis sa tendre enfance pensait appartenir à une famille de médecins. Mais il se pouvait tout aussi bien qu'elle eût barré mon nom dans une autre circonstance qui m'aurait échappé. Nous avions peut-être tous été rayés à notre insu.

Pendant cette conversation assez dure pour elle, ma mère se reposait dans une pièce voisine, assise sur une chaise, la tête rejetée en arrière avec un mouchoir sur les yeux. Cela lui ressemblait tant de se dissimuler avec discrétion, en dépit de sa sénilité. C'est par ce genre de détail qu'aucun de nous ne serait en mesure de l'égaler jamais.

Entre l'automne qui suivit cette fête et le printemps de l'année d'après, je me rendis trois fois au village et ma mère me semblait se tasser chaque fois davantage. Elle se recroquevillait près du *kotatsu* [1] dans la pièce qui donnait sur le jardin. C'est là qu'elle se chauffait quand elle avait froid, sinon elle se contentait de s'y accouder sans y glisser les jambes. Le soir venu, elle dormait à côté. Elle ne quittait plus cet endroit.

Elle ne venait dans la salle de séjour que pour les repas, où elle mangeait si peu qu'on se demandait comment elle tenait. Elle se contentait d'une petite assiette de haricots tendres et sucrés. Elle ne mangeait ni viande, ni légumes, ni fruits. Elle avait toujours eu des phobies alimentaires, mais cela s'était accentué avec l'âge et elle ne jetait même plus un regard sur ce qu'elle ne voulait pas manger.

« Pour le bonheur de Grand-mère, il suffit d'une omelette et de haricots cuits, expliquait Shigako. Elle devait s'en nourrir quand elle était petite. »

Ma mère s'exprimait encore moins souvent. On ne pouvait plus mesurer le degré de sa sénilité si elle n'ouvrait plus la bouche. Parfois, des visiteurs venaient s'asseoir près de son *kotatsu*. Elle ne reconnaissait pas celui qui se trouvait en face d'elle, mais elle arborait un sourire impersonnel.

1. Sorte de chaufferette fixe. *(N.d.T.)*

Elle prononçait des phrases anodines comme :

« Il fait beau aujourd'hui... Vous paraissez en forme... »

Elle faisait un effort pour ne pas trahir sa sénilité. En dépit de son affaiblissement général, elle ne se salissait jamais, ce qui épargnait tout soin hygiénique à Shigako. De toute façon, l'eau chaude venait directement de la vallée dans la salle de bains, et donc si par extraordinaire un accident de ce genre se produisait, cela ne posait aucun problème. Et ma mère aurait eu la volonté de réparer l'incident sans ennuyer Shigako.

Pour les fêtes de fin d'année, la faiblesse de ma mère était telle que je n'aurais pas été surpris de la voir disparaître soudain. Mais Shigako, Kuwako et Mitsu étaient convaincues que ma mère tiendrait encore quelques années dans cet état stationnaire.

Cette année-là, je devais voyager entre mai et juin en Afghanistan, en Turquie et en Iran, et je voulais rendre visite à ma mère avant mon départ ; j'avais même averti Shigako et son mari du jour de mon passage, mais le matin même je renonçai à partir pour le village. J'avais l'impression de demander un congé à ma mère et je préférai ne pas y aller. Je prévins Shigako de mon revirement et je lui demandai, au téléphone, de s'arranger avec Kuwako et mon frère, en cas de malheur.

« Je ne pense pas qu'elle craigne quoi que ce soit. Cette nuit, elle a très bien dormi et, comme elle tardait à se lever, je suis même allée deux fois dans sa chambre. Elle a une peau si brillante. Elle retrouve sa jeunesse. C'est plutôt moi qui accuse mon âge. »

A mon retour, à la fin juin, la saison des pluies n'était pas encore terminée. La fatigue accumulée pendant ce voyage, où j'avais traversé des déserts en voiture, m'assomma durant tout l'été. En août, je m'installai à Karuizawa pour fuir la chaleur, mais je passai des nuits blanches même là-bas.

Je ne récupérai qu'en septembre et c'est en voyant le ciel de Tōkyō en automne que l'envie me prit de retourner au village. Cela faisait six mois que je n'y étais pas allé. Ma mère me parut inchangée depuis la fois précédente. Comme toujours, elle était assise près du *kotatsu* dans la pièce qui donnait sur le jardin et elle m'accueillit comme un inconnu. Elle avait une peau lisse et sa manière timide de s'exprimer évoquait plutôt une jeune fille qu'une vieille femme.

Je passai deux nuits au village. Le deuxième soir, je croisai ma mère, en descendant du premier et en me rendant au lavabo. Dans sa tenue de nuit, elle avait repris son apparence et son visage de vieille femme.

« Il neige, n'est-ce pas ? » fit-elle.

Quand je répondis qu'il ne neigeait pas, elle eut un air contrarié, comme si elle avait essuyé des reproches.

« Il neige, n'est-ce pas ? » répéta-t-elle en baissant d'un ton.

Je la raccompagnai jusqu'à sa porte et, sans entrer dans sa chambre, je me dirigeai vers les toilettes. Il ne devait pas neiger, mais pour m'en assurer j'ouvris la fenêtre des toilettes. Quoiqu'il fît sombre, des étoiles scintillaient dans un coin du ciel et j'entendais des insectes dans les herbes du jardin.

En remontant dans ma chambre, je jetai un coup d'œil dans celle de ma mère. Bien que le lit fût fait, elle était assise près du *kotatsu* comme dans la journée. Comme c'était la fin du mois de septembre, elle ne devait pas avoir froid ; je pris pourtant une veste d'intérieur qui était posée près de son chevet et je la lui plaçai sur les épaules, avant de m'asseoir face à elle de l'autre côté du *kotatsu*. Je voulais savoir ce qui avait fait naître cette illusion en elle ; or, sans me laisser le temps de l'interroger, elle déclara :

« Il neige, n'est-ce pas ? Tout est couvert de neige.

— Tu as l'impression qu'il neige ? demandai-je.

— Mais enfin, il neige.

— Il ne neige pas : il y a des étoiles. »

Elle parut chercher ses mots, avec l'expression de n'être guère convaincue ; cependant, à court d'argument, elle répéta :

« Tu vois bien, il neige. »

Elle semblait prêter l'oreille en silence au bruit feutré des flocons. J'affinai mon écoute à mon tour. Il n'y avait pas le moindre bruit, ni au-dehors ni au-dedans. Shigako et son mari s'étaient déjà retirés dans leur chambre et, comme il était onze heures passées, ils devaient être déjà au lit. Le soir venu, cette maison, qui n'était pourtant pas si grande, paraissait à l'abandon.

Je pensai alors que ma mère vivait dans une sensation de situation, comme cela s'était produit chez moi à Tōkyō. Ainsi assis face à elle près de ce *kotatsu* vide, je me dis que le silence de la nuit avait quelque chose en commun avec le silence de la neige. Il devait pourtant y avoir bien quarante ans que ma mère n'avait plus connu de nuit de neige. Les postes de mon père étaient souvent situés dans des pays de neige : à Asahikawa, ma mère devait avoir vingt-deux ans, et elle avait vécu à Kanazawa et Hirosaki juste avant la retraite de mon père. Quarante ans s'étaient écoulés depuis qu'il avait pris sa retraite.

« Tu te souviens de Hirosaki ? demandai-je. Il neigeait tous les jours pour la fin de l'année. »

Elle n'avait pas l'air de comprendre. Il en était de même pour Kanazawa.

« C'est vrai, il neigeait », murmura-t-elle de façon automatique, sans être parvenue à répondre à mes questions.

« De tous les endroits que tu as connus, c'est Asahikawa qui était le plus enneigé, n'est-ce pas ?

— Hé oui, tous les soirs, tous les soirs, c'était ce genre d'endroit... »

Elle inclinait la tête avec perplexité et souffrait manifestement de ne pas se souvenir clairement de ce temps. Mais, changeant d'expression, elle lança :

« Tu vois, j'ai tout oublié, je suis gâteuse !

— Ce n'est pas grave si tu ne t'en souviens pas », protestai-je.

Curieusement, ses efforts de mémoire, l'inclinaison de sa tête, son regard baissé vers ses genoux avaient un caractère douloureux et timide qui évoquait une confession. Je n'avais pas le droit de la contraindre à se rappeler ces temps lointains. L'effort que j'exigeais de sa mémoire malade équivalait à lui demander de dégager une bûche d'une mare gelée sous la neige. Ce devait être un travail pénible et, même si elle arrivait au bout de ses peines, cette bûche dégoulinerait d'eau glacée.

Je l'aidai à se coucher et me retirai. Ce soir-là, allongé dans ma chambre, je pensai que cette nuit de neige n'était pas la seule pour ma mère. La veille, l'avant-veille elle avait dû entendre le bruit des flocons et passait ses nuits à prêter l'oreille à la neige. Le lendemain, le surlendemain elle passerait sans doute des nuits semblables. Elle connaissait là l'état véritable de la solitude. Les séparations, les morts ne l'atteignaient plus. L'ardeur de ses anciennes impulsions était éteinte. Elle vivait dans une nuit de neige, mais elle était trop affaiblie pour s'en forger un drame et y jouer un rôle. Elle avait peut-être retrouvé la fougue de sa petite enfance, mais tous les feux de la rampe avaient été soufflés et les somptueux décors avaient été engloutis dans les ténèbres. Elle avait perdu son mari, le compagnon de sa longue vie, ainsi que ses deux fils et ses deux filles. Elle avait perdu ses frères, ses sœurs, ses parents, ses amis, ses connaissances. Sans les avoir perdus, elle les avait peut-être abandonnés. A présent, elle vivait seule dans la maison de son enfance. Chaque nuit, la neige tombait autour d'elle. Elle observait fixement le visage de la neige blanche, gravé dans son cœur, en un jour lointain d'une enfance oubliée.

Levé à neuf heures, le lendemain matin, j'allai prendre mon petit déjeuner dans la salle de séjour. Ma mère vint s'asseoir sur le sofa, près de moi, regardant tour à tour le jardin et mon visage. Elle semblait chercher à me dire quelque chose sans trouver exactement quoi.

« Je reviendrai le mois prochain, dis-je.

— Ah bon ! Le mois prochain », répéta-t-elle en souriant, sans paraître me reconnaître, sans savoir ce qu'était le mois suivant.

La voiture vint me prendre à dix heures.

« Allez, porte-toi bien, maman.

— Tu t'en vas déjà. »

Elle m'accompagna jusqu'à l'entrée. Comme elle allait sortir, je la retins à l'intérieur et elle déclara :

« Alors, je te dis au revoir. »

Elle se tenait sur le seuil. En montant dans la voiture, je me retournai vers ma mère qui sans cesser de me regarder ajustait son col. Elle ajustait son col avec toute son énergie, c'était ce geste-là. Elle voulait être impeccable pour me voir partir. C'est la dernière image que je devais garder d'elle.

Il était presque midi lorsque j'arrivai au village en voiture avec Kuwako. Quelques parents et quelques voisins étaient assis autour d'une table dans l'ancienne chambre de ma mère. On avait retiré la porte de séparation de la pièce du fond, où le corps reposait sur un *futon*. Je saluai de la tête les trois ou quatre personnes qui se trouvaient dans cette pièce et je m'approchai de la dépouille. Ma mère avait le visage propre et net d'une poupée. Sa bouche était légèrement ourlée : c'était une expression coquette qu'elle affectionnait dans sa jeunesse. Je touchai son visage et ses mains, qui étaient de glace.

Shigako apparut, me disant :

« Ses mains sont froides, n'est-ce pas ? Mais

serre-les un moment dans les tiennes, elles seront vite réchauffées. »

Je suivis son conseil. Ma chaleur se communiquait au corps de ma mère, réduite à la peau et aux os. Ses mains étaient blanches, comme décolorées et des veines bleues transparaissaient.

Le soir même, un jeune moine vint d'un village distant d'une dizaine de kilomètres et commença à réciter des textes sacrés avant la mise en bière. Vers sept heures, Mitsu arriva de Tōkyō avec notre fille aînée. Après qu'elles eurent fait brûler de l'encens, le corps fut mis en bière. Des cousines la revêtirent d'un costume funéraire blanc. Si la robe rouge de son quatre-vingt-huitième anniversaire ne lui allait pas, cette robe blanche lui allait très bien. Elle évoquait la dignité du départ en voyage. Shigako glissa un petit couteau dans la poche de la robe de ma mère. Kuwako, Mitsu et les petits-enfants entourèrent son visage de chrysanthèmes

Ce soir-là eut lieu la veillée. Étaient présents entre autres la fille de Kuwako et son mari, un jeune psychiatre qui depuis deux ans venait de temps à autre au village pour examiner ma mère. Comme j'attribuais à l'effet des tranquillisants qu'il lui donnait sa sérénité durant ces dernières années, je remerciai ma jeune nièce et son mari, au nom de ma mère disparue.

Le jeune médecin, qui était venu la visiter une dizaine de jours auparavant, expliquait les résultats de son auscultation, en précisant qu'une issue aussi dramatique n'était pas alors prévisible.

« La réaction de Grand-mère m'avait coupé le souffle... dit-il en riant. Après la consultation, nous buvions du thé dans sa chambre. Elle m'a dévisagé et elle a demandé à ma femme qui j'étais. Ma femme lui a répondu que j'étais le médecin qui venait de l'ausculter. Grand-mère a alors murmuré comme pour elle-même : " Médecin ? Il y en a de toute sorte ! " Quelle surprise ! Ça m'a sidéré. »

Un sursaut de vigueur avait donc enflammé ce pauvre corps desséché et l'avait rendu à lui-même.

Le surlendemain, le 24, nous nous levâmes tous à cinq heures du matin. A six heures, je me recueillis devant le cercueil de ma mère. J'assistai à l'adieu des proches qui se penchaient au-dessus du cercueil. Ma mère avait toujours ce visage d'adolescente. Elle avait conservé cette dignité. J'enfonçai les clous dans le bois avec une pierre. Une vingtaine d'entre nous prirent place dans le corbillard, qui se dirigea vers Shimoda et bifurqua à Shuzenji pour longer la rivière Ômi jusqu'au centre d'incinération. La petite vallée était émaillée de feuilles aux vives couleurs qui semblaient couvrir de rosée les villages que nous traversions.

Une fois que nous fûmes au centre d'incinération, un moine récita des textes sacrés et l'on glissa le cercueil dans le four crématoire. Guidé par un employé, je contournai le bâtiment et rejoignis par derrière l'endroit où l'on allumait le feu. C'est moi qui enflammai avec une allumette un tissu imbibé de kérosène. Aussitôt, une énorme flamme rouge envahit le four en grésillant.

Nous passâmes deux heures dans la salle d'attente. Un vieil employé vint nous chercher et nous conduire devant le four dans lequel le cercueil avait été glissé deux heures auparavant. Le vieil homme sortit alors une boîte métallique et rectangulaire sans couvercle, qui contenait des débris d'ossements de ma mère. Parmi les ossements, certains, semblait-il, devaient être ramassés par les proches et d'autres par les parents lointains et les amis. Le vieil employé les sélectionna avec des baguettes. Je ramassai le premier quelques débris pour les placer dans une urne blanche, imité tour à tour par les autres. Je me chargeai de transvaser ce qui restait. Quand l'urne fut pleine, le vieil employé la ficela, la couvrit d'une feuille de papier blanc, et la plaça dans un coffret de bois qu'il enveloppa d'un sachet de brocart.

Je pris le paquet et montai le dernier dans le corbillard. Ma place était réservée à l'arrière. Je m'assis et tins l'urne des cendres sur mes genoux, calée entre mes deux mains. Je pensai alors qu'au terme d'une lutte si longue, si acharnée, ma mère était réduite à ce tas de cendres.

DANS LA MÊME COLLECTION
(Extrait du catalogue)

Abé Kôbô
La face d'un autre.
La femme des sables.
L'homme-boîte.
Le plan déchiqueté.

Allende Isabel
Les contes d'Eva Luna.

Amado Jorge
La bataille du Petit-Trianon.
Cacao.
Les deux morts de Quinquin-la-Flotte.
Le vieux marin.

Anderson Sherwood
Tar.

Ariyoshi Sawako
Kaé ou les deux rivales.
Les dames de Kimoto.
Les années du crépuscule.

Baldwin James
Si Beale Street pouvait parler.
Harlem quartet.

Ballard J.G.
La bonté des femmes.

Barnes Julian
Le soleil en face.

Blixen Karen
Sept contes gothiques.

Bounine Ivan
Le monsieur de San Francisco.
Le village.
Le sacrement de l'amour.

Brink André
Un turbulent silence.
Le mur de la peste.

Čapek Karel
La vie et l'œuvre du compositeur Foltyn.

Carver Raymond
Les vitamines du bonheur.
Tais-toi, je t'en prie.
Parlez-moi d'amour.

D'Annunzio Gabriele
Terre vierge.
Triomphe de la mort.

Desai Anita
Un héritage exorbitant.

Garcia Morales Adelaïda
Le silence des sirènes.

Geiszler Horst
Cher Augustin.

Gorki Maxime
Tempête sur la ville.

Goytisolo Juan
Paysages après la bataille.
Chasse gardée.
Les royaumes déchirés.

Hackl Erich
Le mobile d'Aurora.

Han Suyin
Ton ombre est la mienne.

Herlihy James Leo
Macadam cow-boy.

Hesse Hermann
Demian.

Hoffmann E.T.A.
Nouvelles musicales.
Les élixirs du diable.

Inoué Yasushi
Les chemins du désert.
Combat de taureaux.
Le faussaire.
Le fusil de chasse.
Confucius.

Jacobsen Jen Peter
Niels Lyhne.

James Henry
L'autel des morts.
Les papiers de Jeffrey Aspern.
Le regard aux aguets.
Daisy Miller.
Le tour d'écrou.
Impressions d'une cousine.
Roderick Hudson.
L'Américain.

Johnson Eyvind
Le roman d'Olof.

Kadaré Ismail
Récits d'outre-temps.
Les adieux du mal.
Le firman aveugle.

Kaniuk Yoram
Confessions d'un bon Arabe.

Kästner Erich
Trois hommes dans la neige.

Kazan Elia
America, America.

Kesey Ken
Vol au-dessus d'un nid de coucou.

Kenzaburo Oé
Une affaire personnelle.

Kivi Aleksis
Les sept frères.

Lagerkvist Pär
Contes cruels.
La mort d'Ahasverus.
Le nain.
La sibylle.
L'exil de la terre.
Le bourreau.

Lagerlof Selma
L'anneau du pêcheur.
Les écus de Messire Arne.
L'empereur du Portugal.
Jérusalem en Dalécarlie.
La légende de Gösta Berling.

Lange Hartmut
Une fatigue.

Lawrence D.H.
Ile, mon île.
Le renard.
Matinées mexicaines.

Luxun
Journal d'un fou.

McCarthy Mary
L'oasis et autres récits.

Malerba Luigi
Clopes.
Le feu grégeois.

Mann Thomas
Tonio Kröger.
La mort à Venise.

Mansfield Katherine
Cahier de notes.
La garden-party.
Lettres.
Pension allemande.

Martinson Harry
Voyages sans but.

McCullers Carson
Le cœur hypothéqué.
Frankie Addams.
Reflets dans un œil d'or.
La ballade du café triste.
L'horloge sans aiguilles.

Meras Icchokas
La partie n'est jamais nulle.

Meyrink Gustav
Le golem.

Miller Henry
Virage à 80.
Max et les phagocytes.
Dimanche après la guerre.
Entretiens de Paris.

Nasreen Taslima
Lajja.

Nicolson Nigel
Portrait d'un mariage.

Oates Joyce Carol
Solstice.

O'Brien Edna
Qui étais-tu, Johnny ?
Les grands chemins.
Lanterne magique.

O. Henry
New York tic tac.

Olivia
Olivia par Olivia.

Ozick Cynthia
La galaxie cannibale.

Penn Warren Robert
La grande forêt.
Les fous du roi.

Prawer Jhabvala Ruth
Chaleur et poussière.
La vie comme à Delhi.
Cette lutte incertaine.

Purdy James
L'oiseau de paradis.

Queiroz Rachel de
L'année de la grande sécheresse.

Radičević Branko
Le trou de la serrure.

Ribeiro Aquilino
Casa Grande.

Rushdie Salman
Les enfants de minuit.

Sackville-West Vita
Escales sans nom.

Savinio Alberto
La maison hantée.

Schnitzler Arthur
Madame Béate et son fils.
Mademoiselle Else.
Mourir.
La pénombre des âmes.
La ronde.
Vienne au crépuscule.
L'étrangère.
Mademoiselle Else.

Scott Walter
La fiancée de Lammermoor.

Singer Isaac Bashevis
Amour tardif.
La corne du bélier.
Le domaine.
Le manoir.
Ennemies.
Yentl.
L'esclave.
Le fantôme.
Au tribunal de mon père.

Spark Muriel
Le pisseur de copie.
L'unique problème.
Memento mori.
L'appropriation.
Robinson.
L'abbesse de Crewe.

Stangerup Henrik
Lagoa Santa.
Le séducteur.

Tanizaki Junichiro
Deux amours cruelles.

Tekin Latife
Contes de la montagne d'ordures.

Tevis Walter
La couleur de l'argent.

Tolstoï Léon
La mort d'Ivan Ilitch.
Un cas de conscience.

Tolstoï Comte Léon L.
La vérité sur mon père.

Tourguenieff Ivan
L'abandonnée.
L'exécution de Troppmann.
Fumée.
Journal d'un homme de trop.
Dimitri Roudine.

Traven B.
Le visiteur du soir.

Tyler Anne
Toujours partir.

Uhlman Fred
Il fait beau à Paris aujourd'hui.
La lettre de Conrad.

Undset Sigrid
L'âge heureux.
Jenny.
Printemps.
Vigdis la farouche.

Vanderbeke Birgit
Le dîner de moules.

Werfel Franz
Le passé ressuscité.

Wiechert Ernst
La servante du passeur.

Wilde Oscar
De profundis.

Wilson Angus
Saturnales.

Wolf Christa
Cassandre.
Aucun lieu. Nulle part.
Scènes d'été.
Ce qui reste.
Incident.
Trois histoires invraisemblables.
Changement d'optique.

Wolfe Thomas
De la mort au matin.

Woolf Virginia
Orlando.

Yamata Kikou
Masako.
La dame de beauté.

Zweig Stefan
Amok.
La confusion des sentiments.
Le joueur d'échecs.
Vingt-quatre heures de la vie d'une femme.
Nietzsche.

Imprimé en France par Hérissey à Évreux - N° 75743
N° d'éditeur : 51 - Dépôt légal : Mars 1997 - 54-12-4750-01/3 - ISBN 2-234-04750-1